AF548234

lebe.jetzt
LIEBE BEZIEHUNG SEX

Arne Hoffmann

Die Abrichtung
Erziehung zum Sklaven

Erotik-Ratgeber

lebe.jetzt Hardcover
Band 515
1. Auflage: Oktober 2019
2. Auflage: September 2021
3. Auflage: Februar 2023
4. Auflage: Oktober 2025

Vollständige Buchausgabe
Originalausgabe

lebe.jetzt ist eine Marke von

Lektorat:
Marie Gerlich

Umschlaggestaltung: www.heubach-media.de
gesetzt in der Trajan Pro,
Adobe Garamond Pro & Corporate S

Printed in Germany
ISBN 978-3-96477-318-0

www.blue-panther-books.de
Hersteller: blue panther books oHG
Osterfeldstrasse 12-14 | 22529 Hamburg | Deutschland
E-Mail: info@blue-panther-books.de

Inhalt

Liebe Leserin, lieber Leser,

gelegentliche SM-Spiele wie Fesseln und Den-Hintern-Versohlen haben sich in den letzten Jahren derart in der Bevölkerung verbreitet, dass sie längst nicht mehr als sonderbar oder anrüchig gelten. Sie gehören inzwischen zum erotischen Repertoire vieler Paare. Weniger verbreitet ist eine Praktik, die viele Mitglieder der eigentlichen SM-Szene genießen: den geliebten oder sexuell begehrten Partner langfristig zu versklaven oder sich ihm selbst als Sklave zu unterwerfen. Für manche ist das eine extrem prickelnde Fantasie – andere fragen sich, ob das wirklich noch eine erfüllende Beziehung darstellen kann.

Mit »Versklavung« ist im Kontext dieses Buches natürlich nicht die echte Sklavenhaltung gemeint, die es auch heute leider immer noch gibt, sondern eine besondere Form der Partnerschaft, die freiwillig eingegangen wird und von beiden Seiten jederzeit wieder beendet werden kann. Es muss also gute Gründe geben, wenn Menschen in einer solchen Partnerschaft bleiben. Und tatsächlich berichten mir Menschen, auf die das zutrifft und mit denen ich im Lauf der Jahre darüber gesprochen habe, wie glücklich sie sich auch dauerhaft als Herr oder Sklave fühlen. Aus der Position des dominanten Partners erscheint das sofort nachvollziehbar. Wer möchte nicht jemanden zur Verfügung haben, der einen auf Fingerschnippen hin bedient und verwöhnt, während man selbst faul im Bett liegt, der einem beim Baden zur Hand geht und danach massiert, Hausarbeiten übernimmt und jederzeit für sexuelle Spiele jeglicher Art dienen muss?

Doch unterwürfige Menschen fühlen sich in der Rolle des Dieners nicht weniger wohl.

Allerdings gibt es hierzulande bislang kaum Ratgeber, die wirklich nachvollziehbar erklären, wie man jemanden, der darauf steht, zum absolut gefügigen Sklaven ausbildet (beziehungsweise »erzieht« oder »abrichtet«, wie es in der Szenesprache heißt). Dieses Buch soll eine einfache und übersichtliche Anleitung dafür liefern.

Bei meiner umfangreichen Recherche in Erfahrungsberichten und anderen Veröffentlichungen zu diesem Thema zeigte sich schnell, dass hier dasselbe gilt wie bei all den anderen Ratgebern, die ich zum Thema Sexualität geschrieben habe: Es gibt keine Patentrezepte, die für jede einzelne Partnerschaft gleichermaßen gelten. Dafür sind wir Menschen und unsere Beziehungen zu unterschiedlich. Insofern rate ich auch hier jedem Leser, sich diejenigen Tipps herauszugreifen, mit denen er etwas anfangen kann, und das zu ignorieren, was weniger gut zu seiner Situation passt. Immerhin zeigte sich bei meiner Recherche aber auch, dass bestimmte Ratschläge immer wiederkehren, offenkundig weil sie einfach vernünftig sind. Dieser Ratgeber fasst sie kompakt zusammen.

Auf zwei Punkte möchte ich vorab zur Klarstellung hinweisen:

- Ich verwende hier mal das Wort »Sklave« und mal das Wort »Sklavin«, weil der unterworfene Partner zu beiden Geschlechtern gehören kann – »Sklavin« allerdings etwas häufiger. Das liegt zum einen daran, dass es Partnerschaften mit einem weiblichen Sklaven meiner Einschätzung nach weit häufiger geben dürfte (wohl nicht ohne Grund gibt es keinen »Shades of Grey«-Megaerfolg mit umgekehrten Geschlechterrollen), zum anderen daran, dass ein Ratgeber speziell zum Thema »Femdom« bereits in Vorbereitung ist. Trotzdem gelten die hier gesammelten Tipps natürlich auch für Partnerschaften, bei denen ein Mann unterworfen und erzogen wird.

- Grundsätzlich richtet sich dieser Ratgeber eher an den dominanten Partner. Es ist nun einmal leichter, Ratschläge zu geben à la »So erziehe ich jemanden« als à la »So lasse ich mich erziehen«. Trotzdem dürften auch unterwürfige Leser aus der hier behandelten Perspektive einigen Gewinn ziehen können. Ein Ratgeber in dieser Buchreihe, der sich speziell an devote Menschen richtet, trägt den Titel »Unterwerfung«.

Das ist schon alles, was es vorab zu sagen gibt.
Jetzt wünsche ich dir viel Spaß beim
Lesen und bei der Umsetzung.
Auf dass dein Sklave immer treu
und gehorsam bleiben möge!

Was bedeutet
»Ausbildung zum Sklaven« konkret?

Die Ratgeber in dieser Buchreihe richten sich an eine Leserschaft, die von den jeweils behandelten Themen bislang nur wenig weiß. In diesem Fall gehe ich allerdings davon aus, dass dir zumindest die Grundzüge von SM-Beziehungen geläufig sind. Du kennst also beispielsweise die Unterschiede zwischen erotischen SM-Spielen und sexuellem Missbrauch, weißt, was ein Safeword ist und worauf Menschen grundsätzlich achten sollten, die solche Spiele zum ersten Mal ausprobieren möchten. Jemand, der noch überhaupt keine Ahnung von diesem Metier hat, sollte lieber nicht versuchen, mit einer Langzeitversklavung zu beginnen. Zumindest etwas Grundlagenwissen und Erfahrung mit deinen eigenen Reaktionen sowie denen deines Partners sollten bei dir vorhanden sein, bevor du dich an ein solches »Großprojekt« wagst. Anders als zum Beispiel Kindererziehung ist das schließlich nichts, bei dem du von deinen Bekannten sowie etlichen Büchern und Zeitschriften leicht Tipps und Unterstützung erhalten kannst. (Wenn du allerdings Mitglied der SM-Szene bist und über entsprechende Kontakte mit erfahrenen »Sklavenhaltern« verfügst, ist das natürlich ein Riesenvorteil.)

Auch zwischen dir und dem Menschen, den du versklaven möchtest, sollte bereits eine besondere emotionale Nähe, Verbundenheit und ein Verständnis füreinander bestehen. Eine auf lange Zeit angelegte Herr-Sklave-Beziehung ist kaum mit jemandem zu führen, den du gerade erst kennengelernt hast. Dein Sklave sollte wissen, dass er dir vertrauen kann, was sein Wohlergehen insgesamt angeht, und auch du solltest wissen, dass du dich auf ihn verlassen kannst. Es sollte klar sein, dass es sexuell und emotional zwischen euch »passt«, dass ihr in der Lage seid, auf die Bedürfnisse und das Naturell des anderen einzugehen.

Aber selbst wenn du mit deiner Partnerin schon etliche Male beim Fesseln, Auspeitschen oder ähnlichen Aktionen Spaß hattest, wirst du dich vielleicht fragen, was du dir unter ihrer dauerhaften Versklavung vorstellen sollst. Womöglich gefällt dir der Gedanke, den Kitzel dieser zeitlich begrenzten Spiele zu eurem Alltag werden zu lassen. Ein richtig klares Bild, wie das konkret für euch beide aussehen würde, hast du aber noch nicht.

Dabei könnte einer eurer ersten Schritte genau darin bestehen, dass ihr erst jeder für sich allein und dann gemeinsam ein Bild erschafft, wie ein solches Dauer-Arrangement aussehen könnte, das euch beide glücklich macht. Vielleicht stellt sich dabei heraus, dass ihr komplett unterschiedliche Vorstellungen habt, die ihr erst mal miteinander in Einklang bringen müsst. Vielleicht habt ihr aber auch gar kein klares Bild vor Augen, wenn ihr »Ausbildung zum Sklaven« hört. Schließlich werden solche Partnerschaften in Kinofilmen und TV-Serien kaum bis gar nicht gezeigt, und selbst in SM-Pornos bekommt man in der Regel nur kurze Szenen zu sehen statt eines sich über Wochen bis Jahre erstreckenden Zeitraums.

Dieses Fehlen fester Vorgaben oder Leitlinien verschafft euch allerdings auch eine grenzenlose Freiheit. Statt unbewusst schon bestimmte Bilder abgespeichert zu haben, wie eine solche Partnerschaft und der Weg dorthin aussehen sollte, könnt ihr eure eigenen Bedürfnisse viel leichter in den Vordergrund rücken. Du kannst dich mit deiner Partnerin nur jedes zweite Wochenende treffen und ihr bei diesen Begegnungen alles beibringen, was sie deiner Ansicht nach wissen sollte. Ihr könnt aber auch zusammenleben, wobei dir deine Partnerin vierundzwanzig Stunden am Tag zu dienen hat – von dem Moment, an dem sie dich morgens mit sanften Liebkosungen weckt, bis zu dem Moment, wo sie dir am späten Abend einen Schlummertrunk ans Bett bringt. Du kannst deine Partnerin vor allem zu deiner Lustsklavin und deinem lebenden Sexspielzeug ausbilden, zu einer unbezahlten Angestellten beziehungsweise einem Hausmädchen oder zu einem Gratis-Escortgirl. Du kannst das Schwergewicht darauf legen, deinen Partner so zu erziehen, dass er der perfekte Diener für dich wird, oder darauf, ihn immer sadistischeren Belastungen zu unterwerfen, mit denen er lernen muss, klarzukommen.

Der grundlegende Unterschied zu gelegentlichen SM-Aktionen miteinander besteht vor allem darin, dass ihr eure Rollen jetzt nicht mehr nur für eine kurze Zeit annehmt und danach wieder gleichberechtigt auseinandergeht. So wie ein Vater immer ein Vater sein wird, in welcher Situation er sich auch gerade befindet, wirst du in der Beziehung zu deinem Partner immer der Herr sein, sobald ihr euch einmal für diese Form der Partnerschaft entschieden habt. Ihr wechselt nicht mehr hin und her, je nachdem wo ihr euch gerade befindet und was ihr tut. Das gilt, auch wenn ihr eure spezielle Beziehung natürlich nicht überall offen auslebt, du deinen Partner also zum Beispiel nicht in der Fußgängerzone auszupeitschen beginnst. Statt nur den Kick gelegentlicher erotischer Spiele zu genießen, nehmt ihr beide die überlegene beziehungsweise untergeordnete Rolle auf Dauer an.

»All mein Handeln und Nicht-Handeln hat dem Wohlbefinden meines Herrn zu dienen«, berichtet etwa Saskia Weißer (Künstlername), die ich für eines meiner Bücher über ihr Leben als freiwillige Sklavin interviewt habe. »An dieser Latte messe ich alles, was ich tue oder lasse, auch wenn Er gerade nicht dabei ist, und daran denke ich, wenn ich vor eine Entscheidung gestellt werde. Natürlich ist es schwierig, diese Geisteshaltung im Leben konsequent beizubehalten. Ich behaupte auch nicht, dass ich keine Fehler mache. Es geht hier viel eher um eine Geisteshaltung, die geübt werden will. Und dann … nun, Übung macht bekanntlich den Meister.«

Da diese neue Art des Zusammenlebens – selbst wenn ihr beide entsprechende Bedürfnisse habt – für euch beide sehr ungewohnt ist, ist damit ebenfalls für euch beide ein Lernprozess verbunden. Dir als dominantem Partner fällt dabei die Aufgabe zu, diesen Lernprozess zu gestalten, statt dich einfach führen lassen zu können. Diese Verantwortung wird allerdings dadurch, dass du einen zuverlässigen Sklaven gewinnst, mehr als wettgemacht.

Wozu genau du deine Partnerin anleitest, bleibt wie gesagt dir bzw. euch beiden selbst überlassen. Manche Aspekte werden wichtig für euch sein, andere vollkommen nebensächlich und uninteressant. Im Allgemeinen gibt es aber vor allem folgende Dinge, die ein Herr seiner Sklavin beibringen kann:

- das Ausüben spezieller Dienste und Verrichtungen, sei es im Haushalt, sei es als Hilfe bei deinen Hobbys oder beruflichen Tätigkeiten.

- deine sexuelle Befriedigung – auf geschicktere, einfallsreichere und hingebungsvollere Weise als bisher.

- die Art, wie sie mit dir und anderen spricht. Möchtest du zum Beispiel, dass deine Sklavin jeden ihrer Sätze an dich mit »Herr« beendet? Soll sie dich nur in einer von dir festgelegten »Schlampen-Stimme« (also einer besonders hohen Stimmlage) ansprechen und nur einfache Worte verwenden, als ob sie ein hirnloses Dummchen wäre, das nur zum Sex zu gebrauchen ist? (Diese sogenannte »Bimbofication« auf Dauer durchhalten zu müssen, kann besonders demütigend sein.) Möchtest du, dass deine Sklavin schweigt, bis sie von dir angesprochen wird? Du kannst auch anordnen, dass sie zuerst ihre Hand leicht heben muss, wenn sie etwas sagen möchte, um dann zu warten, bis du ihr das Sprechen erlaubst,

- die Art, wie sie sich bewegt und welche Stellung sie in Ruhe einnimmt. Darf sie sich zum Beispiel, wenn sie dich bedient, nur auf Zehenspitzen bewegen, oder möchtest du ihr verschiedene Sklaven-Positionen beibringen, in denen deine Sklavin ihren Körper auf besonders verführerische – oder obszöne – Weise anbietet? Darf sie nur einige Schritte hinter dir gehen, wenn ihr in der Öffentlichkeit unterwegs seid? Darf sie sich nur auf allen vieren bewegen, wenn sie sich in deiner Wohnung befindet? Möchtest du ihr befehlen, ihren Blick immer gesenkt zu halten und niemandem ins Gesicht zu sehen, um damit ihre Unterwürfigkeit zu betonen und innerlich zu verstärken?

- ihre Kleidung und allgemein ihr Aussehen. Wünschst du dir von ihr beispielsweise eine bestimmte Frisur oder möchtest du deine Sklavin auf nuttige Weise geschminkt sehen, um sie so vorzuführen? Soll sie ihre Zehennägel in einer bestimmten Farbe bepinseln? Soll deine Sklavin immer barfuß sein, wenn sie in deiner Wohnung tätig ist? Hat sie immer am ganzen Körper rasiert zu sein?

Generell beruht eine Herr-Sklavin-Partnerschaft im Kern nicht darauf, dass eine Person möglichst allen Befehlen ihres Partners gehorcht, sondern dass sie eine innere Einstellung des Gehorsams gegenüber ihrem Partner entwickelt. Dieser Gehorsam spielt sich nicht an der Oberfläche ab, sondern tief im Innern deiner Sklavin. Deine Partnerin sollte verinnerlichen, dass sie nicht mehr nur deine Sklavin *spielt*, sondern dass sie deine Sklavin *ist*. Wie du sie dort hinführst, wird dieser Ratgeber Schritt für Schritt erklären.

Welche Aspekte kann die Erziehung zur Sklavin umfassen?

Am Inhalt des vorangegangenen Kapitels lässt sich schon erkennen, wie absurd die Vorstellung ist, ein Herr müsste eine Frau vor allem streng führen und sie oft genug die Peitsche spüren lassen, um sie zu seiner Sklavin zu machen, damit ihr jeder Gedanke an Aufmüpfigkeit vergeht. Solche Vorstellungen gehören allenfalls ins Reich erotischer Fantasien. Was von dir erwartet wird, sind ganz andere Dinge, die wiederum davon abhängen, wozu du deine Sklavin einsetzen möchtest.

Wenn sie für dich vor allem Dienstleistungen unterschiedlichster Art ausüben soll, müssen ihr diese Tätigkeiten zunächst einmal beigebracht werden, und sie muss Gelegenheit erhalten, sich darin zu üben, bis sie immer besser wird. Gut, ein Getränk servieren und andere einfache Handlungen erledigen, kann so ziemlich jeder. Wenn du aber Dienste von einer höheren Qualität erwartest, musst du deine Sklavin erst dazu anleiten. Das bedeutet, dass du selbst genau wissen solltest, was du eigentlich willst, und auch, wie es geht. Und dass du klar kommunizieren kannst und die nötige Geduld aufbringst, wenn deine Partnerin das nicht von Anfang an hinbekommt. Sollte die von euch gewählte Beziehungsform an irgendeinem Punkt scheitern, ist es sehr gut möglich, dass die Schuld daran bei dir lag und nicht bei ihr.

Das Training muss sich nicht auf Bereiche wie Einkaufen, Haushalt oder Büroarbeiten beschränken, sondern kann gut auch sexuelle Dienste umfassen. So könntest du von deiner Sklavin beispielsweise Folgendes verlangen:

- Du gibst ihr Literatur über eine bestimmte Praktik zu lesen, für die du deine Sklavin gern benutzen möchtest, beispielsweise Analsex. Deine Sklavin soll lernen, worauf man dabei zu achten hat, und sich dir dann entsprechend zur Verfügung stellen.

- Du forderst sie auf, bestimmte Techniken, zum Beispiel Massage, durch die Anleitung von Experten zu lernen, beispielsweise indem sie einen Tantrakurs oder anderweitige Seminare besucht. (Ich selbst habe meine ersten Massagetechniken in einem Volkshochschulkurs zur Bioenergetik gelernt. Es gibt hier also durchaus Möglichkeiten, wenn man ein bisschen sucht.)

- Wenn du einer Frau gern beim Strippen zuschaust, kannst du deiner Sklavin befehlen, zu lernen, wie sie sich dabei so erotisch wie möglich präsentiert. Dabei dürfte es ihr vor allem helfen, erotische Onlinevideos zu betrachten, in denen Frauen sich in aufreizender Weise ausziehen, und sich bei diesen Frauen einiges abzuschauen.

- Wenn du möchtest, dass deine Sklavin beim Oralsex immer mehr von deinem Penis in ihren Mund aufnimmt, könntest du ihr einen langen Dildo besorgen, den du wie ein Lineal mit verschiedenen Markierungen versiehst. Dann stellst du deiner Sklavin die Aufgabe, es bis zu einem festgelegten Zeitpunkt eine Markierung weiter zu schaffen als zuvor. Wie sie sich die richtigen Techniken aneignet, ist ihre Sache.

- Nachdem du deine Partnerin zu einer erstklassigen Schwanzlutscherin gemacht hast, kannst du einen Schritt weitergehen und von ihr Praktiken verlangen, die sie zuvor noch abstoßend fand, beispielsweise das Rimming, also das erotische Lecken deines Hinterns.

Gerade das letzte Beispiel leitet dazu über, dass das Erziehen eines Menschen zum Sklaven nicht allein in der Ausbildung bestimmter Fertigkeiten besteht, sondern auch auf mentaler Ebene stattfindet – in diesem Fall soll deine Sklavin lernen, bisherige Grenzen (»So etwas mache ich nicht«) schrittweise zu verschieben. Wenn sie etwas partout nicht machen möchte, also eine harte Grenze zieht, solltest du sie natürlich nicht dazu zwingen, diese Grenze zu übertreten. Das käme einer Vergewaltigung gleich. Oft handelt es sich aber nur um weiche Grenzen (»Muss das wirklich sein, das mache ich nicht so gern?«), die mit der Zeit durchaus dehnbar sind. Je mehr deine Sklavin gelernt hat, Dinge zu tun, die sie als leicht belastend oder entwürdigend betrachtet, desto eher wird sie im Lauf ihrer Erziehung bereit sein, sich zu Dingen bereit zu erklären, die von ihr noch mehr abverlangen.

Auch das ist ein wichtiger Schritt bei der Erziehung eines Sklaven. Ein unterwürfiger Mensch möchte ja eigentlich gern den Ansprüchen und Wünschen gerecht werden, die sein Meister an ihn hat. Oft steht er sich dabei allerdings selbst im Weg. Ängste, Hemmungen, vielleicht Ekelgefühle halten ihn davon ab, sich wirklich vollständig dem hinzugeben, was von ihm erwartet wird. Möglicherweise gelingt es ihm in seiner Fantasie, dich und deine Freunde bei einem gemeinsamen Treffen nackt zu bedienen, aber er scheitert an der Umsetzung, weil er die Nerven verliert, sein Schamgefühl Oberhand gewinnt und er sich schlicht nicht traut, seine Fantasie in die Tat umzusetzen. Auch auf dieser Ebene benötigt er also deine Anleitung, um ein annähernd perfekter Sklave zu werden.

Dabei machst du schon einen Schritt nach vorn, wenn es dir in solchen Fällen gelingt, herauszufinden, warum dein Sklave sich zu bestimmten Handlungen nur schwer bewegen lässt, und was ihn davon abhält. Dein Sklave muss dafür erst einmal selbst herausfinden, was genau hier eigentlich das psychologische und emotionale Hindernis darstellt, und wo es herrührt. Danach muss er in der Lage sein, es dir mitzuteilen, sodass ihr darüber sprechen und eine Lösung finden könnt. Dafür ist es notwendig, dass ihr lernt, einander zu verstehen, zu vertrauen und offen miteinander zu kommunizieren. Auch diese Ebene gehört zur Ausbildung eines Sklaven dazu. Erst wenn du verstehst, wie dein Sklave tickt, weißt du, wie du ihn dazu bringen kannst, Befehle zu befolgen, denen er sich anfangs noch verweigert hatte.

Eine weitere Ebene des Sklaventrainings ist etwas, das man in der militärischen Ausbildung und anderen Formen autoritärer Pädagogik als »Drillen« bezeichnet: Deine Sklavin lernt dabei durch stures Wiederholen die immer gleichen Handlungen so lange, bis sie ihr in Fleisch und Blut übergehen. Ab einem bestimmten Moment gehören sie einfach zu ihrem Verhaltensrepertoire oder ihrer alltäglichen Gewohnheit. Sie wird dann also ganz automatisch und ohne dass du sie erst dazu auffordern oder sie daran erinnern müsstest, jeden Satz mit »Herr« beenden, dich jeden Morgen auf dieselbe Weise wecken oder wenn ihr in der Öffentlichkeit unterwegs seid, demütig zu Boden schauen. Während es in der Pädagogik inzwischen zurecht verpönt ist, Menschen das freie und selbstständige Denken abzuerziehen, ihren Willen zu brechen und ihnen Gehorsam einzubläuen, kann das bei der Ausbildung zum Sklaven durchaus ein erstrebenswertes Ziel darstellen. Auf jeden Fall solltest du dir überlegen, in welchen Bereichen du von deiner Sklavin mechanisches Verhalten ohne eigenes Denken erwartest und in welchen Bereichen nicht. Wenn du sie zum Beispiel auch dazu ausbildest, bestimmte Aufgaben zu erfüllen, zu denen durchaus selbstständiges Denken gehört, solltest du in diesem Bereich auf eine strikte Konditionierung verzichten.

Eine letzte Ebene besitzt ein solches Training schließlich, wenn du sadistisch veranlagt bist. Dann möchtest du deine Sklavin vielleicht gern dazu bringen, immer stärkere Schmerzen für dich zu ertragen, ohne eine Aktion zum Beispiel durch die Verwendung ihres Safewords abzubrechen. (Allerdings benutzen viele Lifestyle-SMer ohnehin kein Safeword mehr, weil sich der dominante Partner auch ohne eine solche Krücke zutraut zu erkennen, wann seine Partnerin genug hat und nicht mehr kann.) Auch in dieser Hinsicht kannst du also die Belastungsgrenzen deiner Sklavin nach und nach immer weiter verschieben. Dabei wird von dir allerdings einiges an Beobachtungsgabe und Einfühlungsvermögen abverlangt, denn als verantwortungsvoller Herr wirst du deine Sklavin nicht so sehr überlasten wollen, dass sie seelische oder körperliche Schäden davonträgt. Du solltest sie dazu bringen, ihre Grenzen zu erweitern, diese Grenzen aber nicht einfach stumpfsinnig übergehen. Einen Menschen zu fesseln, zu knebeln und immer weiter auszupeitschen, ist keine Kunst. Die Herausforderung besteht darin, deine Sklavin dazu zu bringen, dass sie von sich aus bereit dazu ist, noch größere Unannehmlichkeiten als bisher für dich zu ertragen.

Ist eine Vollzeitversklavung überhaupt realistisch?

Möglicherweise haben die bisherigen Seiten ein wenig deinen Appetit geweckt, was die Versklavung deines Partners angeht. Womöglich bist du dir aber auch unsicher, wie weit du diese Veränderung eurer Beziehung treiben solltest. Gelegentliche SM-Spiele sind mit dem

Alltag ja noch ziemlich gut vereinbar – aber wie sieht es bei einer Vollzeitversklavung aus? Funktioniert es überhaupt, deinen Partner jeden Moment seines Lebens unter Kontrolle zu haben, sodass er einen Großteil seiner Existenz darauf ausrichtet, deine Wünsche und Befehle zu erfüllen? Oder beansprucht diese ständige Kontrolle nicht auch dich dermaßen, dass sie in der Realität einfach nur nervenraubend ist und mit eurer erotischen Fantasie nichts mehr zu tun hat?

Zunächst einmal: Langfristig funktionierende Partnerschaften zwischen einem Herrn und einem Sklaven gibt es ja tatsächlich. Sie sind sogar so häufig, dass dafür eine eigene Bezeichnung existiert: 24/7-Beziehungen (24 Stunden am Tag und sieben Tage in der Woche) beziehungsweise auf Englisch Total Power Exchange (TPE). Sarkasten behaupten sogar, dass auch bei etlichen Nicht-SM-Beziehungen einer der beiden Partner sagt, wo's lang geht und den anderen mehr oder weniger subtil an der Leine führt.

Wenn du hier Bedenken hast, dann sind diese allerdings trotzdem berechtigt. Vielen von uns fällt es ja schon schwer, unser eigenes Leben auf die Kette zu kriegen. Und da sollen wir über das Leben eines anderen Menschen bestimmen und die volle Verantwortung dafür übernehmen, dass dabei nichts schiefgeht? Wenn man die ganze Zeit über den strengen Herrn spielen muss: Hat man dann überhaupt noch Zeit dafür, herumzugammeln oder sich anderen Freizeitbeschäftigungen zu widmen? Vielen dominanten Menschen ist die Belastung einer solchen Beziehung ein paar Nummern zu heftig und sie verzichten deshalb gern darauf. Und auch viele unterwürfige Menschen schrecken letzten Endes davor zurück, ihrem Partner die volle Kontrolle darüber zu geben, wie sie ihr gesamtes Leben zu verbringen haben.

Wenn du dich in dieser Hinsicht mit Bedenken quälst, helfen dir vielleicht folgende Tipps:

- Mach dir keinen unnötigen Knoten in den Kopf. Auch in einer 24/7-Beziehung verlangt kein Mensch von dir, dass du ständig in voller Ledermontur herumläufst und jeden einzelnen Handgriff deines Sklaven überwachst. Die Sarkasten haben gar nicht so unrecht damit, dass sich eine Herr-Sklave-Beziehung nicht extrem von einer traditionellen Partnerschaft unterscheidet, bei der einer der beiden Partner die Hosen anhat und dem anderen sagt, wo's langgeht. Der Unterschied ist eher graduell als absolut. Unter anderem sind du und dein Partner vermutlich in die unterschiedlichsten sozialen Gruppen eingebunden – ob im Job, in der Familie oder im Freundeskreis –, wo ihr eure Herr-und-Sklavin-Konstellation ohnehin nicht voll ausspielen könnt.

- Vielleicht hilft es dir, ein realistischeres Bild solcher Beziehungen zu entwickeln, wenn du dich bei Menschen umhörst, die in solchen Partnerschaften leben. Über das Internet sind solche Konstellationen ja leicht zu finden. Du könntest hierfür beispielsweise ein großes Forum von SM-Freunden wie die »Sklavenzentrale« aussuchen und dort dein Bedürfnis äußern, Einblicke in solche Partnerschaften zu erhalten. Du kannst aber auch einfach auf Google mit Suchbegriffen wie z. B. »24/7 Forum« arbeiten oder »24/7 Erfahrungen« eingeben und dann die Trefferliste durchgehen, bis du etwas Brauchbares gefunden hast.

- Oder aber ihr probiert es einfach mal für eine begrenzte Zeit aus, beispielsweise ein Wochenende, und spürt nach, wie es euch dabei geht. Auch der Urlaub in einer anderen Stadt oder einem anderen Land bietet sich dafür an, weil man dabei ohnehin aus dem Alltag heraustreten kann und auch nicht befürchten muss, dass im ungünstigsten Moment jemand vorbeischaut, den man gut kennt, der aber noch nichts von euren Neigungen weiß. Der Nachteil solcher allzu kurzen Experimenten besteht allenfalls darin, dass die ersten Tage einer Vollzeitversklavung oft komplett anders aussehen als der gesamte lange Rest. An den ersten Tagen muss man erst mal ein System entwickeln und sich in seine neuen Rollen hineinfinden, was in der Tat viel Zeit, Energie und vielleicht auch Nervenstärke erfordert. Wenn sich das Ganze aber erst mal eingespielt hat, wird alles sehr viel einfacher und natürlicher für euch. Man sollte sich von den ersten Unebenheiten auf diesem Weg also nicht unbedingt abschrecken lassen: Aller Anfang ist nun mal schwer.

Woher weiß ich, ob das auch etwas für mich ist?

Eine 24/7-Beziehung ist also durchaus realistisch umsetzbar. Trotzdem ist dieser Lebensstil nicht für jeden gleich gut geeignet. Ob er zu dir passt, hängt vor allem von deinem persönlichen Naturell ab. Wie können du und dein Partner also am schnellsten erspüren, ob jedem von euch eine solche Form der Partnerschaft entspricht?

Egal, ob dominant oder devot: Die Sexualwissenschaftlerin und -therapeutin Dr. Gloria Brame nennt in ihrem SM-Ratgeber »Come Hither« folgende Anhaltspunkte, um die Beziehung zu finden, die einem am meisten liegt. Dass dir oder deinem Partner eine Herr-Sklave-Beziehung wohl guttun würde, merkt ihr vor allem daran, dass euch eure bisherigen, zeitlich begrenzten Rollenspiele bald nicht mehr reichen. Sie wirken auf euch nicht authentisch genug, und ihr fangt deshalb an, euch zu langweilen. Ihr habt dann das Gefühl, dass ihr mit solchen Spielen nicht zur Erfüllung eurer wahren, tiefsten Bedürfnisse vordringen könnt, als würde euch ständig nur die Vorspeise serviert und nicht das Hauptgericht.

Die Nagelprobe findet statt, wenn ihr die ersten Experimente damit macht, für einen festgelegten Zeitraum komplett in die Rollen von Herr und Sklavin zu schlüpfen. Wie fühlt ihr euch dabei? Empfindest du die Verantwortung, für deine Partnerin ein Erziehungsprogramm zu entwickeln, dieses Programm immer wieder neu anzupassen, deine Partnerin konsequent zu kontrollieren und für ihr Verhalten immer wieder zu belohnen oder zu bestrafen, als erfüllend oder als zermürbend? Erscheint es dir reizvoll oder albern, deiner Partnerin Ziele zu stecken, die sie unter deiner Aufsicht zu erreichen hat? Wird deiner Partnerin bald schon klar, dass ihr ihre persönliche Freiheit doch wichtiger war, als sie zuvor gedacht hatte? Oft nimmt man das, was man besitzt, ja als selbstverständlich und weiß es erst zu schätzen, nachdem man es verloren hat.

Eine andere Technik, die Dr. Gloria Brame zufolge als Anhaltspunkt dafür dienen kann, welche Form der SM-Beziehung euch beiden am meisten liegt, besteht darin, auf eure Stimmung nach dem Orgasmus zu achten, den ihr durch SM-Rollenspiele erfahren habt. Ist euer Bedürfnis nach Unterwerfung jetzt befriedigt, wo es nicht mehr durch sexuelle Erregung genährt wird, weshalb ihr erst mal gern wieder auf Augenhöhe Zeit miteinander verbringen möchtet? (So geht es mir zum Beispiel – ich bin offenbar kein Lifestyler.) Oder bleibt euer Bedürfnis danach, euren Partner zu beherrschen beziehungsweise von ihm beherrscht zu werden, bestehen? Wenn eure Sehnsucht nach Unterwerfung auch nach dem Höhepunkt anhält, gehört sie offenbar zu einer tieferen Schicht eurer sexuellen Persönlichkeit. In diesem Fall empfiehlt es sich, eine Versklavung für längere Zeit auszuprobieren.

Und schließlich kannst du dich auch ein bisschen daran orientieren, wie du dich allgemein im Leben verhältst, also auch in nicht erotisch geprägten Situationen. Bist du jemand, der genau weiß, was er will, und der seinen Kopf gern durchsetzt? Oder lässt du dich lieber auch mal dadurch treiben, was gerade passiert? Besitzt du ein stabiles Selbstbewusstsein oder lässt du dich leicht aus der Bahn bringen, wenn Dinge plötzlich nicht so laufen wie geplant? Geht es dir gut, wenn du Verantwortung an jemand anderen abgeben kannst, oder musst du möglichst viel selbst im Griff behalten? Denk über diese Fragen ein bisschen nach, und dir dürfte klarer werden, wo du dich verortest. Je zielstrebiger und emotional geerdeter du bist, desto eher kannst du auch jemand sein, von dem sich dein Partner für lange Zeit seines Lebens führen lässt.

Warum sollte sich jemand freiwillig von mir versklaven lassen?

Wenn dir die Idee, deinen Partner zu deinem Sklaven zu machen, noch sehr neu ist, gehen dir vielleicht folgende Dinge im Kopf herum: Die Vorstellung, dass deine Liebste oder dein Liebster auf ein Fingerschnippen hin jedem deiner Befehle gehorcht, klingt ja durchaus vielversprechend. Aber warum sollte sie das tun? Warum sollte ein Mensch überhaupt bereit sein, sich freiwillig jemand anderem als Sklave zu unterwerfen? Gibt es bestimmte Leistungen, die du vorab erfüllen musst, oder manipulative Methoden, die du anwenden musst, um so etwas möglich zu machen? Findet eine Frau dich vielleicht nur dann dermaßen atemberaubend, dass sie vor dir niedersinkt, wenn du ein Multibillionär und Alleskönner bist wie die männliche Hauptfigur in »Shades of Grey«? Und als dominante Frau könntest du dich fragen: Will sich ein Mann mir nur dann unterwerfen, wenn ich aussehe wie die schärfste Femme fatale der Filmgeschichte?

In dieser Hinsicht kann ich dich beruhigen. Weder musst du einen Menschen durch subtile Gehirnwäsche unterwerfen, damit er sich dir vollkommen ausliefert, noch brauchst du der stattliche Superkerl beziehungsweise die megascharfe Domina zu sein, damit jemand aufgrund höchster sexueller Erregung vor dir demütig auf die Knie sinkt. Die allermeisten dominanten Partner in einer Herr-Sklave-Beziehung sind im Großen und Ganzen Menschen wie du und ich.

Das können sie sich auch leisten, weil sie nicht erst großartige Kunststücke vorführen müssen, um einem Menschen zu verdeutlichen, wie reizvoll seine Versklavung doch wäre. Das funktioniert ja ohnehin nur, wenn in der Person, die versklavt werden soll, bereits entsprechende erotische Bedürfnisse bestehen – die nur darauf warten, zum Leben erweckt zu werden.

Vielleicht kannst du das emotional zunächst kaum nachvollziehen, weil du mit deinem dominanten Naturell der genau entgegengesetzte Pol bist. Du brauchst selbstgesetzte Ziele, möchtest Verantwortung übernehmen und es verleiht dir Sicherheit, Dinge unter Kontrolle zu haben. Dass jemand einen Großteil seiner Entscheidungen und die Art, sein Leben zu führen, in andere Hände gibt, kannst du nur schwer nachvollziehen.

Aber vom Verstand her sollte auch dir klar sein, dass es Menschen mit einer starken Sehnsucht danach gibt, sich einer Sache oder Person zu unterwerfen, die sie für stärker halten als sich selbst. Das tun nur die wenigsten in einer stark sexuell geprägten Herr-Sklave-Beziehung, sondern eher, indem sie sich zum Beispiel einer politischen Weltanschauung, dem Militär, einer ehrenamtlichen wohltätigen Aufgabe oder einem bestimmten religiösen Glauben unterordnen. Das tun sie, ohne sich notwendigerweise selbst dabei zu verlieren, sondern oft, indem sie darin ihre Berufung finden und sich verwirklichen.

Sich als Sklave zu unterwerfen, erfüllt in erster Linie emotionale Bedürfnisse, von denen man bis heute allenfalls vage weiß, woher sie stammen (zumal die Hintergründe bei verschiedenen Menschen unterschiedlicher Natur sein dürften). Aber einige Vorteile darin, Sklave zu sein, lassen sich durchaus nachvollziehen:

- Man lebt im wahrsten Sinne, um für einen geliebten Menschen da zu sein.

- Man entzieht sich dem Stress, sein Selbstwertgefühl ständig aus außerordentlichen Leistungen und Errungenschaften beziehen zu müssen.

- Man ist für große Teile seiner Lebensgestaltung nicht mehr verantwortlich und empfindet das als entlastend.

Solche Menschen haben oft nur noch nicht den passenden Partner gefunden, um diese Saite ihrer Persönlichkeit zum Klingen zu bringen. Dominante Herren, die nicht nur irgendwelche Möchtegern-Macker sind, laufen einem schließlich nicht täglich über den Weg – und wenn doch, erkennt man sie oft nicht. Die Frage, warum ein Sklave dich als Herrn akzeptieren sollte, unterscheidet sich also nicht grundsätzlich davon, warum jemand dich überhaupt als Partner wählen sollte. Das ist beide Male dann der Fall, wenn eure Persönlichkeiten zueinander passen.

Einem unterwürfigen Menschen hast du insofern vor allem zwei Dinge anzubieten:

- die Möglichkeit, dass du sein Bedürfnis ernst nimmst, wertschätzt, etwas damit anfangen und es spiegeln kannst, während die meisten anderen Menschen komplett überfordert wären, wenn ihnen jemand sagen würde: »Ich möchte gern dein Sklave sein«.

- die emotionale Sicherheit, diese Unterwerfung nicht zu missbrauchen, indem du zum Beispiel eindeutig gezogene Grenzen deines Sklaven übergehst, übergriffig und gewalttätig wirst. Auch jemand, der sich dir selbst zum Geschenk macht, möchte nicht missbraucht oder auf ungewollte Weise verletzt werden.

Deine primäre Aufgabe als dominanter Partner besteht somit darin, eine Grundlage des Vertrauens für den Sklaven herzustellen, in der er sein Bedürfnis nach Unterwerfung zeigen kann, ohne dafür belächelt oder ausgenutzt zu werden. Dein Sklave muss das Gefühl haben, dass du schon weißt, was du von ihm verlangen kannst und was nicht, was ihm guttut und wie er am besten behandelt wird. Das ist im realen Leben das eigentliche Geheimnis. Ein Milliardenvermögen oder das Aussehen eines Supermodels benötigst du dafür nicht.

Worauf sollte man bei der Ausbildung zur Sklavin in erster Linie achten?

Aus dem, was du bisher über die Aufgaben eines Herrn und über seine Beziehung zu seiner Sklavin gelernt hast, geht bereits hervor, was für dich deine zentralen Aufgaben sind, wenn du deine Partnerin zur Sklavin erziehen möchtest:

- Der offenkundigste Punkt ist die rein praktische Anleitung. Wenn deine Sklavin für dich bestimmte Aufgaben erledigen soll, dann ist es deine Aufgabe, ihr beizubringen, wie du das gern hättest und wie sie das am geschicktesten macht. Einiges kann sie vermutlich auch eigenständig herausfinden, aber andere Dinge musst du ihr erst zeigen. Feste Regeln und immer gleich wiederkehrende Abläufe erleichtern es deiner Sklavin, in ihre neue Rolle hineinzufinden.

- Daraus erwächst bereits deine zweite zentrale Aufgabe, und das ist die klare Kommunikation. Wenn du deiner Sklavin nur vage und diffuse Anweisungen gibst wie »Kümmere dich mal um den Haushalt« oder »Mach mal die Wäsche«, wird deine Sklavin diese Dinge nur dann wunschgemäß erledigen, wenn sie schon vorab weiß, was genau du damit meinst. Auch Sklavinnen können keine Gedanken lesen. Besonders klug ist es, wenn du einer Sklavin nachvollziehbar erklären kannst, warum du möchtest, dass sie deine Anweisungen auf eine bestimmte Weise ausführt. Dass Sklaven zu dämlich sind, mehr zu verstehen als einfache Befehle, ist ein Mythos, der die erzwungene Sklaverei in unserer Welt stützt, und hat nichts mit der Wirklichkeit zu tun.

- Dabei solltest du deine Sklavin auch immer wieder ermuntern nachzufragen, wenn ihr nicht hundertprozentig klar ist, was sie auf welche Weise erledigen soll. Es ist besser, wenn du dann geduldig sämtliche Unklarheiten beseitigst, als wenn deine Sklavin ihre und deine Zeit verschwendet, indem sie etwas falsch macht und es dann umständlich korrigieren muss.

- Wenn deine Sklavin etwas richtig oder falsch macht, schadet es nicht, ihr zu zeigen, welche Gefühle das bei dir auslöst. Hat sie etwas verbockt, dann kannst du ruhig zum Ausdruck bringen, ob du das für eine verzeihliche Nachlässigkeit hältst oder ob es dich wirklich ärgert. Hat sie eine Aufgabe besonders gut erledigt, dürfte sie ein erfreutes Lob besonders stark zu vergleichbaren Leistungen anspornen. Du brauchst nicht den grimmigen und strengen Herrn zu spielen, um als Autorität wahrgenommen zu werden, sondern kannst unbesorgt die gesamte Bandbreite deiner Gefühle zeigen.

- Du kannst es dir sogar leisten, euren Interaktionen immer noch einen spielerischen Aspekt zu verleihen, statt ständig ernst zu sein. Mit Humor brichst du dir keinen Zacken aus der Krone. Schließlich geht ihr diese Form der Partnerschaft nicht ein, um einem obskuren höheren Zweck zu dienen, sondern weil ihr beide auf ganz eigene Weise Spaß damit haben möchtet.

- Denke immer daran, dass du es mit einem Menschen zu tun hast und nicht mit einem Sexspielzeug. Wenn man allen Sadismus beiseitelässt, den deine Sklavin freiwillig und gern zu akzeptieren bereit ist, sollte es ihr bei dir gut gehen. Sie sollte dir vertrauen, statt Angst vor unberechenbarem Verhalten oder echtem Missbrauch haben zu müssen. In vielen Partnerschaften dieser Art legen die Herren auch ein besonders liebevolles Augenmerk darauf, dass ihre Sklavin sich nicht selbst schadet, indem sie sich zum Beispiel überfordert, zu wenig schläft oder zu wenig Bewegung an der frischen Luft hat.

Wie sollte man eine solche Ausbildung beginnen?

Auf erotisch-pornografischen Websites, die es früher vor allem auf der Plattform *Tumblr* gab, stellten anonyme Autoren gern auch Ratschläge dafür ein, wie man jemanden zum perfekten Sklaven ausbildet. Einer dieser Texte, den man auf mehreren Websites fand, enthielt folgende Tipps, um die Abrichtung eines Menschen zum Sklaven zu beginnen:

»Das Entkleiden der persönlichen Identität kann

auf verschiedene Weise durchgeführt werden, aber der Hauptfokus sollte darauf liegen, deinen neuen Sklaven sich gedemütigt, verwirrt und verloren fühlen zu lassen. Du könntest ihn ständig anschreien, selbst wegen des kleinsten Fehlers, oder ihn sogar wegen ausgedachter Fehler beschuldigen. Es ist sehr wichtig, dass du in dieser Phase keine positive Verstärkung verwendest, sonst riskierst du, die harte Arbeit, die du geleistet hast, zu ruinieren. Auch wenn ein Sklave seine Aufgaben nach deinen Erwartungen erfüllt, solltest du negativ reagieren. Irgendwann wird dein Sklave anfangen, besser auf deine Erziehungsversuche zu reagieren, und wenn du es richtig anstellst, wird er dir sogar zustimmen, wenn du ihn das nächste Mal als ›wertlosen Fleischsack‹ bezeichnest. Dann ist es an der Zeit, in die nächste Phase zu gehen.

Auch das Knebeln eines Sklaven kann sehr hilfreich sein, um sein Bewusstsein neu auszurichten. Der Knebel betont, dass der Sklave kein Mitspracherecht dabei hat, was jetzt mit ihm passiert. Der Meister gibt einen Befehl und der Sklave gehorcht, so einfach ist das. Widerrede wird bestraft, ›Ich kann das nicht‹-Sagen wird bestraft, der Versuch, um Hilfe zu bitten, wird bestraft und so weiter. Knebel können zum Zwecke des Essens oder der Unterhaltung entfernt werden, aber nur, wenn es mit der direkten Erlaubnis des Meisters geschieht.«

In dieser Form erstreckt sich der Text über lange Absätze. Klar, solche Tipps kann man alle befolgen, wenn man möchte, dass diese Partnerschaft nach ein oder zwei Stunden vorüber ist (oder wenn man keine Skrupel hat, sich als Gewalttäter strafbar zu machen). Vertun wir uns nicht: Bei den hier von wem auch immer online gestellten Zeilen handelt es sich natürlich um keine echten Ratschläge, sondern um eine erotische Fantasie, die auch nicht-einvernehmlich sein darf, weil dominante ebenso wie devote Menschen es anregend finden, so etwas zu lesen. Wirklich erleben möchte so etwas aber niemand, der den Kontakt zur Wirklichkeit nicht verloren hat.

Wenn du eine Herr-Sklave-Beziehung mit deinem Partner herbeiführen willst, die eine Chance auf langjährigen Bestand hast, solltest du deinem Partner zum Auftakt keinen Knebel anlegen, sondern genau das Gegenteil tun: Du solltest ihn zum Sprechen bringen über das, was er sich konkret unter einer solchen Partnerschaft vorstellt und was er als seine Rechte und Pflichten betrachten würde. Auch du selbst solltest in dieser Hinsicht keineswegs hinter dem Berg halten.

Noch geschickter ist es, von deinem Sklaven eine ausführliche schriftliche Darlegung zu fordern, in die du zu deiner Orientierung immer wieder Einblick nehmen kannst. In dieser Erklärung kann dein Sklave für dich folgende Dinge erläutern:

- Was genau erscheint ihm an seiner Versklavung am reizvollsten? Welche erotischen Fantasien hat er in diesem Zusammenhang? Welche Ideen hat er, um dir seinen Respekt zu erweisen und dir zu dienen? Wie möchte er von dir behandelt werden?

- Welche Ängste hat er bei der Vorstellung, zu einem Sklaven abgerichtet zu werden?

- Wenn er sich bei dir als Sklave bewerben müsste: Was würde er als seine Stärken angeben?

- Welche Erfahrungen hat er bereits mit sexueller Unterwerfung gesammelt? Was ist dabei schiefgelaufen und was hat sehr gut funktioniert?

- Welche Erfahrungen hat er generell mit längeren Partnerschaften gesammelt? Was ist dabei schiefgelaufen und was war erfüllend für ihn?

- Gibt es bestimmte Dinge, die er als dein Sklave nicht tun kann, weil er körperlich oder seelisch (Phobien etc.) nicht dazu in der Lage ist?

- Wie sieht sein Gesundheitszustand insgesamt aus?

- Welche Auswirkungen hätte seine Versklavung durch dich auf sein soziales und berufliches Umfeld? Gibt es Dinge, auf die du achten solltest, um ihn bei Menschen, mit denen er anderweitig in Kontakt steht, nicht bloßzustellen? Gibt es Menschen, die ihr in die Form eurer Beziehung einweihen solltet, damit sie sich nicht unnötig den Kopf zerbrechen?

- Darfst du deinen Partner für Fehlverhalten bestrafen? Erwartet er das vielleicht sogar? Was wäre für ihn völlig inakzeptabel und tabu, weshalb würde er die Beziehung vermutlich abbrechen?

- Darfst du deine Partnerin prostituieren, also Freunden und Bekannten von dir zur Verfügung stellen – gegen einen kleinen Geldbetrag für dich oder auch umsonst?

Es kann eine geschickte Maßnahme darstellen, wenn du deinem zukünftigen Sklaven befiehlst, einen

Aufsatz, der all diese Fragen beantwortet, in einem von dir festgelegten, eher knappen Zeitrahmen zu verfassen. Wenn dein Partner schon an dieser Aufgabe oder am Abgabetermin scheitert, lässt das nichts Gutes vermuten, was seine langfristige Dienstbereitschaft mit wesentlich härteren Anforderungen darstellt.

Aber natürlich bist du nicht der Wunscherfüller für deinen Sklaven: Während du bei ihm keine Grenzen überschreiten solltest, bist immer noch du derjenige, der den Ton angibt. Was dir dein Sklave mitteilt, kann allenfalls in deine Überlegungen einfließen, wie du eure Partnerschaft am vernünftigsten gestaltest. Deshalb solltest du deinem Sklaven auch deine Vorstellungen eurer Beziehung schildern – und sie ihm dabei am besten derart schmackhaft machen, dass du ihn dafür gewinnen kannst. Trotzdem wäre es Unsinn, ihm das Blaue vom Himmel zu versprechen. Damit wären Enttäuschungen vorprogrammiert. Je klarer ihr euch beiden macht, dass eine derart ungewöhnliche Partnerschaft eher noch mehr Belastungsproben ausgesetzt sein wird als traditionelle Beziehungen, desto besser ist es. So wie in anderen Partnerschaften wird auch euer Zusammenleben kein durchgängig anhaltender erotisch-romantischer Wunschtraum bleiben.

Nachdem ihr beide dem anderen eure jeweilige Vision eurer gemeinsamen Zukunft mitgeteilt habt, könnt ihr darüber sprechen und miteinander aushandeln, was davon ihr in die Tat umsetzt. Je entspannter das geschieht, desto mehr kann sich dein Partner dabei öffnen.

Das Ergebnis dieser Unterhaltung könnt ihr, wenn ihr mögt, dann in jenem Schriftstück festhalten, das inzwischen auch außerhalb der SM-Szene als »Sklavenvertrag« bekannt geworden ist. Ein solcher Vertrag ist zwar juristisch unwirksam, unterstreicht aber, dass ihr es ernst meint und über die ganze Angelegenheit gründlich nachgedacht habt. Außerdem kann sich jeder von euch jederzeit durchlesen, unter welchen Bedingungen er sich auf dieses gemeinsame Abenteuer eingelassen hat. Wenn ihr mit der Zeit eure Erfahrungen gemacht habt, was gut und was weniger gut funktioniert, spricht allerdings nichts dagegen, dieses Schriftstück entsprechend anzupassen oder völlig neu aufzusetzen. Vielleicht hat es irgendwann auch nur noch Erinnerungswert für euch, weil sich eure Partnerschaft längst stillschweigend von diesen Anfängen fortbewegt hat.

Falls ihr übereingekommen seid, andere Menschen aus eurem sozialen Umfeld über eure neue Beziehung zu informieren (sie müssen ja nicht jedes Detail wissen), wäre jetzt ein geeigneter Zeitpunkt dafür. Womöglich erspart ihr euch damit unnötige Missverständnisse, wenn einer eurer Bekannten mitbekommt, dass eure Partnerschaft irgendwie ganz anders ist als die Partnerschaften, die er kennt. So verhindert ihr, dass er unnötig den Verdacht hegt, dein Partner würde von dir missbraucht werden oder einer von euch beiden hätte ein ernstes seelisches Problem.

Danach beginnt die mehrwöchige Testphase, in der ihr so lebt, wie ihr euch das in euren Fantasien und Gesprächen vorgestellt habt. In diesem Zeitraum wird sich zeigen, ob alles so funktioniert wie in euren Plänen, ob und wo es Anlass für Modifikationen gibt, oder ob ihr dieses Experiment vielleicht sogar beenden solltet, weil sich die Wirklichkeit so überhaupt nicht mit euren Träumen vereinbaren lässt.

In dieser Testphase geht es vor allem darum, gegenseitiges Vertrauen aufzubauen. Du musst sehen, ob du deiner Sklavin vertrauen kannst, deinen Befehlen zu gehorchen, auch wenn du sie nicht ständig überwachst. Und deine Sklavin muss lernen, dir dahingehend zu vertrauen, dass du ihre Bereitschaft, dir zu dienen, nicht missbrauchst, sondern ihre Grenzen respektierst. Je sicherer sie sich in dieser Hinsicht sein kann, desto eher dürfte sie bereit sein, manche ihrer Grenzen nach und nach freiwillig zu erweitern.

Wie konkret du diese Testphase gestaltest, hängt davon ab, wofür genau du deine Sklavin einsetzen willst, also etwa ob du sie als reine Sexsklavin oder auch als Arbeitssklavin benutzen möchtest. Ich kann dir hier also insofern nur eine »Speisekarte« an Vorschlägen anbieten, aus denen du auswählen kannst, welche davon am besten zu eurer Situation und euren Bedürfnissen passen:

- Du könntest für deine Sklavin einen Arbeitsplan mit all ihren Aufgaben festlegen, mit denen sie sich von morgens bis abends um dich und deine Wünsche kümmern soll.

- Du könntest ihr die wichtigsten Dinge beibringen, um sich als gute Sklavin zu präsentieren, also verschiedene von dir bevorzugte Stellungen, die Art, wie sie mit dir und anderen Menschen sprechen soll, und wie sie dich zu bedienen hat.

- Wenn deine Sklavin vor allem deine Lustsklavin ist, kann auch sexuelles Training dazugehören.

So kann sie zum Beispiel lernen, einen Dildo immer tiefer in ihrer Möse oder ihrem Hintern aufzunehmen und ihn mehrere Stunden lang zu tragen, ohne dass er ihr herausgleitet. Oder sie macht sich schlau über neue sexuelle Stellungen und Praktiken, mit denen sie dich noch besser zum Orgasmus bringen kann.

- Du könntest ihr das Tragen einer bestimmten Kleidung auferlegen, die deinen erotischen Wünschen entspricht. Beispielsweise könnte diese Kleidung besonders figurbetont, knapp oder (stellenweise) durchsichtig sein, sie könnte dir jederzeit freien Zugang zu den Körperöffnungen deiner Sklavin ermöglichen, sie könnte bestimmte Einblicke erlauben (etwa wenn deine Sklavin an ihrem Oberkörper nur ein geöffnetes Herrenhemd tragen darf), sie könnte besonders aufreizend sein (z. B. Netzstrümpfe und Strapse) oder es könnte sich um eine spezielle Garderobe wie etwa ein Dienstmädchenkostüm handeln. Wofür du dich entscheidest, hängt von deinem persönlichen Geschmack ab. Wenn du einen Mann als Sklaven beschäftigst, hast du nicht ganz so viel Auswahl, aber auch in diesem Fall besitzt du vielleicht besondere Vorlieben, wie du seine körperlichen Vorzüge betonen oder aber deinen Sklaven besonders demütigend ausstaffieren möchtest.

- Du könntest deiner Sklavin beziehungsweise deinem Sklaven einen bestimmten Namen geben, der sich speziell auf seine neue Identität bezieht, also etwa »Fido« oder »Schlampe« statt Walter oder Petra. Wenn du solche Bezeichnungen ohnehin schon in euren kürzeren SM-Spielen verwendet hast, wird sich deine Sklavin jetzt daran gewöhnen müssen, dass sie diesen Namen dauerhaft zu hören bekommt. Dieser Name ruft ihr immer wieder ins Bewusstsein, dass ihr bisheriges Leben als selbstständige Person vorüber ist.

- Es hilft der Gewöhnung an die Sklavenrolle und die Errichtung einer gewissen Routine, wenn deine Anforderungen einer verlässlichen Regelmäßigkeit unterworfen sind. Je klarer deinem Sklaven ist, dass du immer wieder dieselben Dinge von ihm verlangst, desto leichter kann er deine Anforderungen erfüllen. Hilfreich ist es, wenn bestimmte Verhaltensweisen geradezu automatisch erfolgen, dein Sklave also zum Beispiel immer auf die Knie zu fallen hat, wenn du den Raum betrittst, oder wenn einfache Gesten von dir ausreichen, damit dein Sklave erkennt, welchen Befehl er befolgen soll. (Der Sklave küsst dir den Hintern, sobald du kurz darauf klopfst, dein Sklave entkleidet sich zügig, sobald du mit den Fingern schnippst, oder was immer ihr sonst an Signalen festlegen möchtet.)

- Auch die »Freizeit« deiner Sklavin – also die Zeit, in der sie dir nicht direkt dient – kannst du mit Aufgaben für sie füllen. Außer dem schon erwähnten Lernen neuer sexueller Praktiken kann das Führen ihres Sklaventagebuchs dazugehören, die Pflege aller Gegenstände, die du benutzt, um sie zu fesseln oder zu züchtigen, sowie Sport, um ihren Körper schlank, straff und beweglich zu halten (oder zu machen).

- Für den letztgenannten Zweck möchtest du deiner Sklavin vielleicht auch eine spezielle Diät verordnen.

- Manche Herren unterziehen ihre Sklavinnen einem regelmäßigen »Maintenance Spanking«, also einem Auspeitschen oder anderweitigen Züchtigen, das sie nur an ihren Platz erinnern und nicht als Bestrafung dienen soll, weil sie etwas falsch gemacht hat. Wenn deine Sklavin dir in der Zeit zuvor besonders begeistert und hingebungsvoll gedient hat, kannst du ihr diese Züchtigung erleichtern und angenehmer machen.

Wie helfe ich meiner Sklavin, zu verinnerlichen, dass sie eine Sklavin ist?

Der Hauptgrund dafür, dass Menschen sich dafür entscheiden, nicht mehr nur bei gelegentlichen Sessions einen Sklaven zu spielen, sondern sich zu einem Sklaven auf Dauer ausbilden zu lassen, besteht darin, dass sie eine möglichst vollständige und tief greifende Erfahrung der Unterwerfung machen möchten. Sie möchten sich wie ein echter Sklave fühlen, was schwer genug ist, wenn man weiß, dass man diese Lebensweise jederzeit abbrechen kann, wenn einem danach ist. Auf der praktischen Ebene kannst beziehungsweise solltest du deinen Partner nicht zu deinem

Sklaven machen: Du solltest ihn zum Beispiel weder gegen seinen Willen gefangen halten noch drohen, ihn aufs Übelste zusammenzuschlagen, falls er sich einem deiner Befehle verweigert. Insofern kannst du die Illusion der »echten Versklavung« nur auf der mentalen, emotionalen, seelisch-psychologischen Ebene Wirklichkeit werden lassen. Für manchen stellt dies die eigentliche Herausforderung in diesem Bereich dar.

Welche Möglichkeiten gibt es also, deiner Partnerin so eindringlich vor Augen zu führen, dass sie jetzt deine Sklavin ist, dass sie das als Wahrheit anerkennt und verinnerlicht? Ziemlich viele. Auf den folgenden Seiten habe ich einige Vorschläge zusammengestellt.

- Erlege deiner Sklavin Rituale und andere Anordnungen auf, die sie immer zu befolgen hat, auch wenn du nicht anwesend bist, beispielsweise bestimmte Räume nur auf Knien zu betreten, vor dem Zu-Bett-Gehen ein Gelübde ihrer Unterwerfung unter dich aufzusagen, grundsätzlich in ihr Bett zu kriechen oder ausnahmslos kalt zu duschen. So gewöhnt sie sich daran, dass ihre Identität als Sklavin nicht an deine Anwesenheit gebunden ist.

- Du kannst ihr auch befehlen, mehrmals am Tag bis an die Grenze des Orgasmus zu onanieren, ohne jedoch den Höhepunkt zuzulassen. So bleibt sie kontinuierlich auf einer hohen Stufe sexueller Erregung. Den tatsächlichen Orgasmus darf sie dann nur durch dich erleben, wenn du mit ihr zufrieden warst.

- Lasse sie nur mit gefesselten Händen schlafen. Während es sich nicht empfiehlt, deine Sklavin die ganze Nacht über ans Bett zu fesseln – es kann immer ein unerwarteter Notfall wie plötzliche Übelkeit eintreten –, ist es kaum riskant, ihr die Hände vor dem Körper zu fesseln. Empfehlenswert sind hier allerdings statt Stahlhandschellen bequeme Fesseln aus Stoff oder Leder, sodass sich deine Sklavin nicht versehentlich etwas quetscht, wenn sie sich im Bett umdreht. Wenn wir nachts schlafen, wachen wir in der Regel immer wieder kurz auf, um sofort wieder einzuschlummern. Wenn deine Sklavin dabei daran erinnert wird, dass sie gefesselt ist, und sie dieses Gefühl in den Schlaf und in ihre Träume begleitet, lernt sie auch unterbewusst immer besser, dass sie jetzt dein Eigentum ist.

- Stelle in verschiedenen Zimmern deiner Wohnung Fotos auf, die deine Partnerin in hilflosen, gedemütigten oder dienenden Situationen zeigen, um ihr immer wieder vor Augen zu führen, dass sie jetzt eine Sklavin ist. (Denke daran, sämtliche Bilder zu beseitigen, wenn ihr Besuch bekommt.)

- Lass deine Sklavin vor dem Zu-Bett-Gehen und nach dem Aufwachen erotische Erzählungen lesen, die aus der Perspektive einer Lustsklavin geschrieben sind oder das Leben einer solchen Sklavin behandeln. Einige dieser Werke gibt es auch als Hörbücher, sodass sie deine Sklavin in den Schlaf hineinbegleiten können. Lass dir am nächsten Tag von ihr den Inhalt dieser Geschichten nacherzählen und frage sie, was sie dabei empfindet.

- Unterrichte deine Sklavin in Gesprächen über ihre neue Rolle und die Philosophie dahinter. Die Literatur zu SM und das Internet sind voll mit möglichen Themen. Belohne deine Sklavin, wenn sie bestimmte Gedanken über korrekte Unterwerfung besonders gut begriffen hat, selbstständig darlegen kann und die dazugehörige Einstellung übernimmt.

- Zeige deiner Sklavin pornografische Clips, in denen sich andere Sklavinnen auf eine Weise verhalten, die dir gefällt, und ermuntere deine Sklavin, diese Frauen zu ihren Vorbildern zu erheben.

- Nehmt eure eigenen SM-Sessions auf Video auf und schaut sie später zusammen an.

- Mache deine Sklavin hin und wieder zum Objekt, also etwa als lebender Garderobenständer oder als Fußschemel. Dadurch reduzierst du ihre Selbstwahrnehmung als autonome Persönlichkeit.

- Wenn du tagsüber eine Runde schlafen möchtest, lass dir vorher von ihr einen blasen und weise sie danach an, deinen Schwanz in ihrem Mund zu behalten, bis du wieder aufwachst.

- Befehle deiner Sklavin, dich grundsätzlich erst um Erlaubnis zu bitten, wenn sie eines der Möbelstücke deiner Wohnung benutzen möchte, beispielsweise um darauf zu sitzen. Das gilt insbesondere, wenn sie mit dir im selben Bett schlafen möchte.

- Weise sie an, auch bei anderen Dingen erst um Erlaubnis zu fragen: zum Beispiel wenn sie etwas essen oder trinken möchte oder bevor sie auf Toilette geht. Wenn ihr gerade in der Öffentlichkeit unterwegs seid, ist es ihre Aufgabe, das so zu tun, das niemand Außenstehendes es mitbekommt – oder genau das hinzunehmen.

- Lass sie über bestimmte Zeiträume hinweg kontinuierlich Fesselgeschirr wie z. B. Ledermanschetten oder sogar Hand- oder Fußschellen tragen, sodass du sie jederzeit mit wenigen Handbewegungen irgendwo festbinden kannst.

- Eventuell möchtest du deine Partnerin auch Sklavenglöckchen tragen lassen, deren Bimmeln sie bei jeder Bewegung an ihre Unterwerfung erinnert.

- Wenn ihr in der Öffentlichkeit unterwegs seid, kannst du deine Sklavin unter ihrer Alltagskleidung auch von außen nicht sichtbare BDSM-Accessoires und BDSM-Garderobe tragen lassen wie eine Brustfesselung, Nippelklammern oder ein eng geschnürtes Korsett. Vielleicht ist sie nach einiger Zeit auch so weit, in der Öffentlichkeit ein Halsband zu tragen. Eine Leine, an der du sie führst, wäre allerdings übertrieben.

- Lass sie darüber hinaus Orgasmuskugeln oder per Fernbedienung aktivierbare Vibratoren in ihrer Möse tragen, sodass sie lernt, sich auch in alltäglichen Situationen als das Sexobjekt zu fühlen, das sie durch deine Hand geworden ist.

- Wenn du deine Sklavin hin und wieder in demütigende Situationen bringst, lernt sie dadurch Demut und verlernt ihren Stolz und ihre Selbstsicherheit. Besonders wirkungsvoll ist es, wenn dir deine Sklavin bei ihrer Demütigung helfen soll, etwa indem du sie eine Liste von einem Dutzend Dinge erstellen lässt, die ihr besonders peinlich wären und starke Schamgefühle hervorrufen würden.

- Mache es dir zur Gewohnheit, deine Sklavin immer dann sexuell zu benutzen, wenn du gerade Lust darauf hast – auch wenn sie gerade eine bestimmte Arbeit für dich erledigt, beispielsweise den Fußboden wischt.

- Wenn du von deiner Sklavin getrennt bist, kannst du sie anweisen, dich zu einer bestimmten Uhrzeit anzurufen. Du brauchst dich nicht selbst an diese Uhrzeit binden, um den Anruf entgegenzunehmen: Deine Sklavin kann auch auf deine Mailbox sprechen. Diese Anweisung kannst du verschärfen, indem du deiner Sklavin befiehlst, dabei zu masturbieren.

- Lass sie tätowieren, wobei du das Tattoo und den Ort, wo es zu sehen sein wird, auswählst.

- Frage sie jeden Abend, was sie an diesem Tag getan hat, das dir missfallen hätte. Damit erziehst du sie zur Ehrlichkeit und dazu, solche Verhaltensweisen abzulegen.

- Lass sie deine Schuhe reinigen, während du sie trägst.

- Verbiete ihr, dir oder anderen Menschen in die Augen zu sehen und stattdessen demütig zu Boden zu blicken.

- Verbiete ihr an einem Nachmittag, an dem ihr zusammen unterwegs seid, irgendetwas zu sagen.

- Wenn ihr zusammen bei Freunden seid, sprich über sie, als ob sie nicht anwesend wäre.

- Lass sie gelegentlich aus einem Futternapf fressen.

- Erlaube ihr, wenn ihr in der Öffentlichkeit unterwegs seid, nur zu essen, wenn sie dabei ihre Hände nicht benutzt. So förderst du ihren Einfallsreichtum, demütigst sie oder unterstützt ihre Diät.

- Führe sie gelegentlich nackt vor einer Webcam vor, wobei du aber darauf achtest, dass sie nicht erkennbar ist.

Eine Kombination von mehreren Dingen aus dieser

kleinen Auswahl sollte im Denken deiner Sklavin erfolgreich ihre neue Rolle verankern.

Welche besonderen Stellungen kann ich meiner Sklavin beibringen?

Seiner Sklavin bestimmte Stellungen beizubringen, mag sich nicht für jeden besonders reizvoll anhören: Schließlich tragen sie kaum zu ihrer direkten Arbeitsleistung bei. Allerdings geht von diesen Stellungen für viele ein derart ästhetischer Reiz aus, dass man auf Millionen von Websites – einschließlich Bilder und Videos – stößt, wenn man etwa bei Google »slave positions« eingibt.

Diese Vielfalt zeigt auch, dass es keinen festgelegten Set von Sklavenpositionen gibt – auch wenn bestimmte Stellungen besonders beliebt sind – etwa diejenigen, die der SM-Fantasy-Serie »Gor« entnommen sind. Es hindert dich aber niemand daran, deine eigenen Lieblingsstellungen zu erfinden, in die sich deine Sklavin auf dein Kommando begeben sollte. Ausschlaggebend dürfte hier vor allem sein, welche Stellung besonders erotisch aussieht und in welcher Stellung deine Sklavin ihren Körper besonders günstig für sexuelle Aktionen anbietet.

Hier zeigt sich ein weiterer Reiz dabei, deine Sklavin in dieser Hinsicht zu dressieren: Dass sie auf Befehl hin eine Position einnehmen soll, in der du sie besonders gut benutzen kannst, ist für sie entwürdigend, vielleicht demütigend, und verleiht dir besonders große Macht über sie. Das zeigt sich besonders in Situationen wie etwa, wenn du mitten in der Nacht aufwachst, feststellst, dass du erregt bist, daraufhin deine Sklavin weckst, ihr ohne weitere Worte eine bestimmte Position befiehlst, daraufhin mit ihr Sex hast und sie dann liegen lässt, um wieder zu Bett zu gehen. Gleichzeitig darf sich deine Sklavin nicht darüber beklagen, dass du ihren Körper lediglich zur Befriedigung deiner Bedürfnisse benutzt, sondern hat das als selbstverständlich hinzunehmen, wenn nicht sogar dir dafür zu danken.

Dieselbe Freiheit kannst du dir zu den unterschiedlichsten anderen Gelegenheiten nehmen – innerhalb der zuvor vereinbarten Grenzen jederzeit und überall. Und statt zum Sex können die Stellungen auch anderen Nutzen haben: etwa dass deine Sklavin besonders dekorativ aussieht, dass sie sich als ein lebendiges Möbelstück (Fußbank, Kleiderständer etc.) benutzen lässt, dass sie deinen Körper für Fesselspiele oder Züchtigungen anbietet und dergleichen mehr.

Wenn deine Sklavin unterwürfig veranlagt ist, dürfte auch sie es als prickelnd empfinden, dass du sie als atmende Sex-Puppe behandelst, deren Körper du ganz nach Belieben ausrichten kannst. In dieser Hinsicht kannst du solche Stellungen auf Kommando als »Fesselspiele ohne Fesseln« betrachten. Bei solchen Spielen merkt deine Sklavin besonders stark, wie sehr sie deiner Kontrolle unterworfen ist, und das dürfte auch zu ihrer Erregung beitragen.

Wenn ihr die ersten Erfahrungen mit solchen Stellungen macht, könntet ihr auf die folgenden Dinge achten:

- Es ist sinnvoll, mit einfachen Stellungen zu beginnen, die deine Sklavin leicht beherrscht. Schwerere Stellungen, die durchzuhalten im Lauf der Zeit immer mehr Anstrengung kostet, könnt ihr später hinzufügen.

- Nicht jede Stellung muss ausschließlich durch den Körper deiner Sklavin allein erfolgen. Ihr könnt jederzeit Möbelstücke und andere Hilfsmittel dazunehmen.

- Es hängt von eurem persönlichen Naturell ab, ob ihr Stellungen bevorzugt, bei denen deine

Sklavin besonders elegant aussieht, was optisch reizvoll ist, oder besonders lächerlich, was ihre Entwürdigung verstärkt.

Beliebte Sklavenpositionen sind die folgenden (ihre Bezeichnungen sind nicht festgelegt):

- Die »Habacht«-Stellung wie bei einem Soldaten. Hierfür stellt sich deine Sklavin gerade hin, ihre Beine sind geschlossen, ihre Handflächen liegen am Oberkörper an. So signalisiert sie aufmerksame Erwartung auf deinen nächsten Befehl.

- Bei der »Inspektions«-Stellung spreizt deine Sklavin die Beine, faltet die Hände hinter dem Kopf und führt ihre Ellbogen nach außen. So bietet sie dir ihren gesamten Körper mit sämtlichen Öffnungen schutzlos zum Erforschen und Betasten an. Ebenso gut kannst du ihre ungeschützte Brust auspeitschen.

- Bei der Stellung »Halsband« kniet deine Sklavin mit gespreizten Beinen und hat die Hände hinter dem Kopf gefaltet oder – wahlweise – hinter dem Rücken verschränkt. Zusätzlich kannst du zum Bestandteil dieser Stellung machen, dass deine Sklavin dabei demütig zu Boden blicken soll. Diese Position ist gut geeignet, um ihr dein Halsband umzulegen. Falls deine Sklavin lange Haare hat, kannst du diese Stellung dadurch erweitern, dass deine Sklavin dabei ihr Haar in die Höhe zu halten hat.

- Bei der Stellung »Knien« bleiben die Beine deiner Sklavin gespreizt, aber sie legt ihre Hände mit geöffneten Innenflächen auf ihre Oberschenkel. Damit signalisiert sie die Bereitschaft, dir zu dienen. Das ist auch eine hübsche Stellung, um deiner Sklavin eine Strafpredigt zu halten.

- Bei der Stellung »Blasen« geht deine Sklavin auf die Knie, schiebt ihren Oberkörper nach vorn und öffnet ihren Mund so weit wie möglich. Damit macht sie den Eindruck, es gierig kaum noch abwarten zu können, bis sie dein bestes Stück zu lutschen bekommt.

- Bei der Stellung »Kellnerin« hat deine Sklavin beide Arme neben ihrem Körper erhoben und die Handflächen so nach oben gedreht, dass man ein Tablett oder einen Teller draufstellen könnte. So ist sie einsatzfertig zum Bedienen.

- Bei der Stellung »Peitsch mich!« stellt sich deine Sklavin aufrecht hin und beugt sich dann nach vorn, bis sie ihre Fußknöchel umfasst. Vom Auspeitschen über das Befingern bis zum Sex ist hier einiges möglich.

- Bei der Stellung »Kotau« lässt deine Sklavin ihren Oberkörper nach vorn gleiten, streckt ihre Arme aus und senkt ihre Stirn so weit, dass sie den Fußboden berührt. Die Stellung drückt nicht nur absolute Unterwürfigkeit auf – sie lässt in demjenigen, der sie eingenommen hat, auch ein entsprechendes Gefühl entstehen. Du kannst von deinem Sklaven verlangen, dass er diese Stellung einzunehmen hat, wenn er dir eine bestimmte Bitte vortragen möchte.

- Bei der Stellung »Boden« legt sich deine Sklavin mit geöffneten Beinen auf den Bauch, ihre Arme neben sich. So bietet sie sich vor allem für Analsex an, aber auch dafür, dass du ihr deinen Fuß entgegenschiebst, damit sie deine Schuhspitze küsst.

- Bei der reichlich fiesen Ausdauerstellung »Nase« steht dein Sklave vor einer Wand und drückt mit der Nase eine Münze dagegen. Sollte dein Sklave die Münze fallen lassen, wird er übel bestraft. Diese Stellung wird noch erschwert, wenn sich die Münze in einer Höhe befindet, die deinen Sklaven dazu zwingt, auf den Zehenspitzen zu bleiben. Du hast die Handgelenke des Sklaven hinter dem Rücken gefesselt, sodass er sich damit nicht behelfen kann. Wenn dein Sklave männlich ist, kannst du es zur weiteren Bedingung machen, dass auch sein Penis die Wand nicht berühren darf. Ein amüsanter Faktor dieser Stellung ist, dass du deinen Sklaven so zurücklassen und in einen anderen Raum gehen kannst: Du bekommst bei der Rückkehr auf jeden Fall mit, ob das Geldstück zu Boden gefallen ist oder nicht.

- Bei der Stellung »Tisch« befindet sich deine Sklavin auf allen vieren und hält ihren Rücken so gerade, dass du darauf volle Teller, Tassen und Gläser abstellen kannst. Dies ist demütigend und erfordert einiges Training. Eine leichte Person könnte sich auch auf die Sklavin setzen, sollte sich aber davor hüten, ihre Wirbelsäule zu stark zu belasten. Es kann empfehlenswert sein – wenn man das überhaupt riskieren will –, so nahe wie möglich am Hintern der Sklavin Platz zu nehmen.

- Bei der Stellung »Fußschemel« kauert deine Sklavin auf dem Boden und zieht ihre Ellbogen und Knie dicht zusammen, um so wenig Raum wie möglich einzunehmen. Jetzt kannst du bequem deine Füße auf ihrem Rücken ausstrecken.

- Bei der Stellung »Gummipuppe« liegt deine Sklavin auf den Rücken, die Arme neben sich, die Beine angewinkelt und die Füße aufgestellt. Ihren Mund öffnet sie kreisförmig, sodass sie dem Sexspielzeug, das dieser Stellung ihren Namen gibt, so ähnlich wie möglich sieht.

Darüber hinaus sind die unterschiedlichsten weiteren Stellungen möglich. Ganz nach deinem Belieben kann sich deine Sklavin mit nach vorn gehaltenen Händen an der Wand abstützen, auf dem Rücken liegend und mit gespreizten Beinen ihre Knöchel umfassen, sich über eine Sessellehne legen, auf Zehenspitzen stehen und so weiter. Vieles hängt davon ab, was du als Nächstes mit ihr anstellen und welche Empfindungen du bei ihr auslösen möchtest.

Anstelle von knappen, scharf geäußerten Befehlen verwenden viele Herren auch Handsignale, um ihre Sklaven zu kommandieren: Jedes Signal – flache Hand schneidet durch die Luft, zwei Finger zeigen auf den Fußboden, Faust bewegt sich senkrecht und was du dir sonst so alles ausdenkst – steht dann für eine gewünschte Stellung. Das kann noch dominanter wirken, weil du dann nicht einmal mehr zu sprechen brauchst, um deinen Sklaven zu kontrollieren. Und du kannst ihn tadeln oder bestrafen, wenn er die Zuordnung von Signal und dazugehörender Stellung verwechselt.

Wichtig sind dabei vor allem zwei Dinge: Du selbst solltest die Bedeutung jedes Signals absolut sicher im Kopf haben. Es wirkt eher nicht so dominant, wenn du plötzlich selbst ins Schwimmen kommst. Und unter

Umständen musst du beim Sklaven die Aufmerksamkeit für deine Handzeichen erst mal erzeugen, z. B. weil er gerade in eine ganz andere Richtung schaut. Dafür kann aber ein anderes vereinbartes Signal wie Fingerschnippen oder Händeklatschen gehören, das deinem Sklaven mitteilt: Schau jetzt gefälligst her, es warten neue Befehle auf dich.

Was kann ich tun, wenn mir mein Sklave nicht gehorcht?

Nun wäre das Leben eines Herren himmlisch, wenn sein Sklave tatsächlich so pflegeleicht wäre wie gewünscht und jedem seiner Befehle augenblicklich gehorchen würde. Das dürfte auch das Ziel sein, zu dem du mit der Erziehung deines Sklaven gelangen möchtest. Aber der Weg dorthin kann holprig sein, und wo immer unterschiedliche Persönlichkeiten aufeinanderprallen, gibt es fast unweigerlich irgendwann Widerstand und Konflikte. Vermutlich wirst auch du irgendwann in eine Situation gelangen, in der dir dein Sklave nicht gehorcht. Die Frage ist, wie du damit umgehst.

Was solltest du bei Fehlverhalten deines Sklaven tun? Die Peitsche rausholen und ihm zeigen, was passiert, wenn er bockt, sodass er sich dir in Zukunft augenblicklich, ohne Zögern und Widerworte bedingungslos unterwirft? Das kann heikel sein: Wenn du dabei zu brutal vorgehst, könntest du die Grenze nicht-einvernehmlicher Gewalt überschreiten, deinen Partner traumatisieren und vielleicht einen Bruch eurer Beziehung herbeiführen. Schließlich leben wir immer noch in der Realität und nicht in einer Fantasy-Sklavenwelt. Wenn du aber deinen Sklaven einfach nur so auspeitschst, wie du das beim erotischen Rollenspiel schon zigfach getan hast, verwischst du die Grenzen zwischen einer Bestrafung und einem lustvollen Akt. Du willst die Botschaft »Mach das nicht wieder« vermitteln, tust das aber in einer Form, die ihr beide lustvoll findet. Wenn dein Sklave masochistisch veranlagt ist und es genießt, von dir ausgepeitscht zu werden, kannst du ihn dadurch sogar dazu verleiten, immer wieder »unartig« zu sein, damit du ihn danach übers Knie legst. Das kann zwar auch ein vergnügliches Rollenspiel darstellen, steht deinem Ziel, deinen Sklaven zu Gehorsam zu erziehen, aber direkt entgegen.

Manche Herren hingegen haben Gewissensbisse, ihren Sklaven überhaupt zu bestrafen, wenn er einen Befehl nicht zur Zufriedenheit ausführt. Schließlich haben wir in den letzten Jahrzehnten gelernt, dass auch Kinder nicht mit dem Rohrstock zum Bravsein getrieben werden sollten. Sind derartige Maßnahmen bei Erwachsenen dann nicht noch kritischer zu beurteilen? Zerstören Strafen nicht unweigerlich die Einvernehmlichkeit, die auch die Grundlage von SM-Beziehungen ist? Warum sollte man überhaupt jemanden bestrafen, wenn er Mist baut? Wäre das nicht grausam und gemein? Du machst dir einen Knoten in den Kopf und beschließt vielleicht sogar, deinen Sklaven überhaupt nicht zu bestrafen – was in vielen Fällen keine gute Entscheidung wäre.

Sicherlich sollte eine SM-Partnerschaft so geführt werden, dass sie für beide Partner erfüllend und lustvoll ist. Wenn dein Partner sich aber in die Rolle eines Sklaven begibt, möchte er von dir auch (im Rahmen der von euch festgelegten Grenzen) als Sklave behandelt werden. Wenn du ihm nun aber Befehle gibst, die er nicht ausführt, ohne dafür Konsequenzen zu erleiden, lernt er, dass es ihm überlassen ist, ob er deine Befehle ausführt oder nicht. Je öfter das passiert, desto weniger erlaubst du ihm, sich tatsächlich als Sklave zu fühlen. Anstelle der Kontrolle und der Disziplin, die er sich wünscht, tritt eine Haltung von »Ist ja eigentlich auch egal«. Viele Sklaven in solchen Partnerschaften erwarten geradezu, nach einem Fehler von ihrem Herrn die Quittung zu bekommen. Bleibt diese Korrektur aus, interpretieren sie das als mangelnde Aufmerksamkeit und fehlende Zuwendung entweder ihnen als Person gegenüber oder gegenüber der von euch vereinbarten Beziehungsform.

Dein Ziel sollte sein und bleiben, dass dir dein Sklave auf deinen ersten Befehl hin gehorcht – wenn er innere Widerstände zu überwinden hat und zögert, dann spätestens beim zweiten. Um das durchzusetzen, brauchst du aber nicht wie im Gewaltporno bei jedem Anzeichen von Befehlsverweigerung die Peitsche zu schwingen. Das kannst du zwar tun – dir sollte aber klar sein, dass du immer aus einer größeren Bandbreite von Möglichkeiten wählen kannst.

- Als Erstes kannst du dich immer fragen, ob dein Befehl überhaupt so gut war, dass er zu dem gewünschten Ergebnis hätte führen können. Hast du vielleicht missverständlich formuliert, was du wolltest? Hast du etwas befohlen, was nicht gut durchführbar war, zum Beispiel ein unrealistisches Zeitlimit gesetzt? Es kommt häufig vor, dass der Lehrer zumindest teilweise Schuld daran hat, wenn ein Schüler sich nicht gut entwickelt – was man daran erkennt, dass derselbe Schüler bei einem anderen Lehrer viel mehr aufblüht.

Die Macht, die du über deinen Sklaven hast, ist kein Freibrief, selbstkritische Überlegungen gar nicht erst zuzulassen. Vor einer Strafe solltest du dir schon sicher sein, dass sie verdient ist.

- Falls dein Befehl klar und problemlos ausführbar war, könntest du dich fragen, aus welchem anderen Grund dein Sklave nicht gehorcht hat. Gibt es bei ihm vielleicht Ängste, Abneigungen oder andere innere Widerstände, von denen du keine Ahnung hast? Es ist sinnvoll, dass du über solche Befindlichkeiten Bescheid weißt. Wenn sie überwindbar sind, kannst du diese Überwindung zu einem Teil deines Trainings machen – wenn nicht, solltest du auf entsprechende Kommandos in Zukunft verzichten. Nicht jede innere Barriere kann man einfach so »wegbefehlen«. Im Gegenteil: Wenn du in dieser Richtung stur weitermachst, kann das unter Umständen nur dazu führen, dass die Kette verweigerter Anordnungen immer länger wird, worunter deine Autorität unweigerlich leiden würde. Es ist also in jedem Fall sinnvoll, mit deinem Sklaven darüber zu sprechen, warum er einen bestimmten Befehl nicht ausgeführt hat.

- Wenn sich dabei herausstellt, dass dein Sklave einfach nur gepatzt hat, ohne einen echten Grund vorweisen zu können, solltest du ihm zuerst klarmachen, dass du damit sehr unzufrieden bist. Du solltest ihn deswegen nicht anschreien – Rumbrüllen wirkt unweigerlich so, als ob du selbst die Kontrolle über dich und die Situation verloren hättest, du wirkst damit alles andere als souverän. Sinnvoller ist es, in solchen Situationen immer denselben strengen Tonfall zu wählen, sodass dein Sklave weiß: Oh-oh, wenn mein Herr in dieser Weise mit mir spricht, ist er wirklich unglücklich mit mir.

- Es kann sein, dass du schließlich zu der Entscheidung gelangst, dass eine Bestrafung die vernünftigste Maßnahme ist, um deinen Sklaven wieder in die Spur zu bringen. Das ist dann aber auch tatsächlich eine bewusste Entscheidung, in die du alle relevanten Faktoren einbeziehst: Wie schwer war das Vergehen deines Sklaven? Kannst du eine Strafe finden, die speziell zu diesem Vergehen passt, sodass sie einen besonderen pädagogischen Nutzen hat? (Mit dieser Frage werden wir uns im nächsten

Kapitel näher beschäftigen.) In welcher anderen Weise solltest du die Persönlichkeit deines Sklaven bei seiner Bestrafung berücksichtigen? Wenn du derart rational statt rein emotional vorgehst, kannst du deinem Sklaven auch in aller Ruhe und selbstbewusst erklären, warum er diese Bestrafung verdient hat. Und wenn er das begreift, senkt dies das Risiko, dass er sich noch einmal in derselben Weise falsch verhält.

Wie sollte man seinen Sklaven bestrafen?

Dieses Kapitel soll dir dabei helfen, einen wirklich klaren Kopf zu bekommen, was die Bestrafung deines Sklaven angeht. Das ist auch gar nicht so schwer, wenn wir mit einer grundsätzlichen Klarstellung beginnen: Ja, wenn du dich mit einem anderen Menschen darauf einigst, dass du ihn zu einem möglichst guten Sklaven trainieren wirst, dann ist das ein einvernehmliches Arrangement. Das bedeutet aber nicht, dass das Ganze ein bloßes Spiel wäre. Ihr könnt euch nämlich auch darauf einigen, dass zu deinen Bemühungen, deinen Sklaven zu erziehen, Strafen gehören, wenn er nicht spurt. Auch das solltet ihr am besten zu Beginn eures Trainings vereinbaren.

Dabei ist es hilfreich, wenn ihr festlegt, welche Vergehen oder Nachlässigkeiten deines Sklaven überhaupt eine Strafe rechtfertigen. Dazu können die folgenden gehören:

- Einen Befehl nicht befolgen, ob absichtlich oder z. B. aus Vergesslichkeit.

- Einen Befehl so schlampig ausführen, dass du über das Ergebnis unzufrieden bist.

- Dir in irgendeiner Form (Sprache, Mimik, Verhalten) den dir zustehenden Respekt verweigern.

- Vor bestimmten Handlungen nicht um Erlaubnis fragen.

- Dir nicht die Wahrheit sagen.

Am besten ist es, wenn dein Sklave von Anfang an eine klare Richtschnur hat: Wenn er bestimmte Dinge tut (beziehungsweise nicht tut, obwohl er sie tun sollte), erhält er dafür eine vorher festgelegte Strafe. Da du nicht alle möglichen Formen von Fehlverhalten vorhersehen kannst, solltest du dir hier ein wenig Spielraum geben. Aber dein Sklave sollte sichergehen können, dass ihn Strafen nicht unerwartet und aus heiterem Himmel treffen. Ein komplett unberechenbarer Herr bietet ihm nicht die Leitlinien, die er braucht, um ein guter Sklave zu werden, sondern ist frustrierend und demotivierend. Niemand von uns möchte von einem Lehrer ausgebildet werden, bei dem wir ständig damit rechnen müssen, dass er uns bestraft, obwohl wir noch nicht einmal kapieren, was wir falsch gemacht haben sollen.

Dabei hat dein Sklave hier wie bei allen Punkten eurer Beziehung ein Mitspracherecht. Er ist nicht verpflichtet, jede x-beliebige Strafe, die du dir einfallen lässt, einfach zu ertragen. Ihn mit etwas zu bestrafen, das er nicht hinzunehmen bereit ist, wäre Missbrauch.

Das alles bedeutet auch, dass du deinen Sklaven gezielt und mit ruhiger Hand bestrafen solltest, statt aus einem spontanen Koller heraus, weil dir die Galle überläuft. Wenn deinem Sklaven zum dritten Mal hintereinander dein schwieriges Lieblingsgericht misslingt, weil er nun mal kein guter Koch ist, hilft es auch nicht, wenn du ihn deswegen anblökst. Überleg dir lieber, ob du realistische Anforderungen an ihn stellst. Und wenn du eifersüchtig wirst, weil du den Eindruck hast, dass er jemand anderen als dich attraktiv findet, dann solltest du deinem Ärger auch nicht in einer Bestrafung Luft machen. Die Ausbildung eines Sklaven ist kein Ventil, um Zorn oder Aggression herauszulassen.

Du brauchst auch nicht jedes Vergehen sofort zu ahnden, um zu zeigen, wie streng und unerbittlich du bist. Stattdessen hast du immer den Spielraum, deinem Sklaven gegenüber zumindest so gnädig zu sein, dass du ihn im ersten Schritt zunächst einmal verwarnst. Insbesondere wenn dein Unmut dadurch entsteht, dass er einen Befehl verweigert hat, gibst du ihm so die Gelegenheit, das augenblicklich zu korrigieren und deinem Wunsch nachzukommen. Auch in anderen Zusammenhängen kann es vernünftig sein, nicht augenblicklich zur Peitsche zu greifen. Nur wenn du eine Verwarnung auf die andere folgen lässt, ohne dass sich etwas bessert, machst du dich womöglich zum Affen und solltest die Zügel lieber straffer in die Hand nehmen.

Vielleicht möchtest du deinem Sklaven sogar die Gelegenheit geben zu argumentieren, warum seine Bestrafung nicht gerechtfertigt ist – wenn er diese Ansicht vertritt. Natürlich nutzen Sklaven dies immer auch als Gelegenheit, dich zu testen und unangenehmen Dingen zu entgehen. Du solltest seine Darlegungen also auf beide Seiten hin kritisch abwägen: Versucht er nur, dich zu beschwatzen, oder liegt er gar nicht so falsch? Du kannst in beiden Fällen ein wenig an Respekt verlieren – sowohl wenn es deinem Sklaven gelingt, dich zu manipulieren, als auch wenn du ihn bestrafst, obwohl das eigentlich nicht gerechtfertigt ist.

Wenn du das wiederholt tust, kann es sein, dass die Einvernehmlichkeit, mit der dein Sklave bereit ist, seine Bestrafung hinzunehmen, mehr und mehr bröckelt. Das kann sich auf eure Unterwerfungsbeziehung insgesamt auswirken. Strafen funktionieren auf Dauer nur, wenn dein Sklave grundsätzlich bereit ist, sie zu ertragen, weil er sich dadurch besser einprägt, was er falsch gemacht hat und dass er das besser nicht wiederholen sollte. Je besser du verstehst, was dein Sklave anzunehmen bereit ist und wo er sich innerlich sperrt, desto effektiver sind die Strafen, denen du ihn unterwirfst.

Besonders hilfreich ist es, wenn die Strafe in einem möglichst nachvollziehbaren Zusammenhang mit dem Fehlverhalten deines Sklaven steht:

- Wenn er einen Befehl nicht befolgt hat, kannst du ihm eine wesentlich aufwendigere und belastendere Strafarbeit aufbrummen (einige Beispiele werde ich weiter unten noch nennen).

- Wenn er einen Befehl zu nachlässig ausgeführt hat, kannst du deinen Sklaven am meisten unter den Folgen leiden lassen: Er macht dann zum Beispiel dieselbe Aufgabe eben noch einmal ordentlich. Und noch einmal und noch einmal und noch einmal – immer wieder, bis du sichergehst, dass er diese Sache jetzt draufhat. Die Alternative besteht darin, ihm sein Versagen besonders drastisch vor Augen zu führen: Wenn er beispielsweise dein Geschirr schlampig gespült hat, kannst du ihn selbst in den nächsten Tagen nur noch von schmutzigen Tellern essen lassen.

- Wenn dein Sklave sich dir gegenüber aufsässig oder frech geäußert hat, kannst du ihm den Mund mit Seife auswaschen oder ihm einen Tag lang ein Schweigegebot auferlegen.

- Wenn dein Sklave in anderer Hinsicht respektlos oder zu stolz gewesen ist, kannst du ihm befehlen, dass er dir die nächsten Tage über nicht mehr ins Gesicht, sondern nur zu Boden blicken darf, ihn anstelle von vernünftiger Kleidung nur alte Fetzen tragen lassen oder ihm eine bestimmte Zeit lang verbieten, zu baden oder zu duschen (woraufhin du ihm später unter die Nase reibst, dass er zu müffeln beginnt). Es empfiehlt sich, diejenige Maßnahme zu wählen, bei der du am ehesten davon ausgehst, dass sie die Demut deines Sklaven wieder zum Leben erweckt.

Es ist sinnvoll, nicht wegen Kleinigkeiten sofort den dicksten Hammer rauszuholen, um deinem Sklaven damit eins überzuziehen. Das wirkt unverhältnismäßig, und du hast danach wenig Spielraum, dich bei schwerer wiegenden Vergehen zu steigern. Wenn du die Daumenschrauben nur langsam anziehst, hilfst du deinem Sklaven damit, sich darauf einzustellen, dass er für bestimmte Dinge korrigiert wird, und gibst ihm Gelegenheit, sein Verhalten neu auszurichten. Strafen, die deinen Sklaven überfordern, könnten dazu führen, dass er emotional aus dem Gleichgewicht gerät, statt dazuzulernen.

Insofern genügt es überraschend oft, wenn du deinem Sklaven eine Strafpredigt hältst, in der du ihm erklärst, dass du wirklich enttäuscht und unzufrieden mit seinem Verhalten bist. Da dein Partner ja deshalb zu deinem Sklaven geworden ist, weil er dir gern dienen und dadurch deine Wertschätzung genießen möchte, haben solche klaren Worte oft einen stärkeren Einfluss auf ihn, als du vielleicht glaubst. Seine Motivation wird dann groß sein, eine weitere Situation dieser Art zu vermeiden, auch wenn er weiter nichts als deinen ausdrücklichen Tadel erleiden musste.

Damit es deinem Sklaven gelingt, seine Bestrafung auch wirklich in Verbindung mit seinem Fehlverhalten wahrzunehmen statt als sadistische Schikane, ist es überdies sinnvoll, wenn du sie möglichst zeitnah erfolgen lässt. Wir kennen dieses Prinzip aus der Debatte über den Umgang mit jugendlichen Straftätern: Da unsere Gerichte überlastet sind, werden diese Kleinkriminellen erst dann verurteilt und bestraft, wenn ihre Tat für sie gedanklich schon weit zurückliegt. Die Verbindung zwischen Tat und Strafe ist ihnen dann weniger gut klar. Derselbe psychologische Mechanismus greift auch bei deinem Sklaven.

Es gibt allerdings eine Ausnahme. Du kannst den psychischen Druck auf deinen Sklaven und damit die Wirksamkeit der Strafe auch dadurch erhöhen, dass du ihn erst einmal eine Zeit lang darauf warten lässt. In diesem Fall könntest du die bevorstehende Strafe immer wieder beiläufig erwähnen oder deinem Sklaven sehr deutlich machen, wie unangenehm sie für ihn sein wird.

Ebenso gut kannst du ein »Strafbuch« führen, in das du Vergehen deines Sklaven einträgst, vielleicht mehrere zusammenkommen lässt und schließlich dein Urteil darüber fällst. Wenn du so vorgehst, wird der Zusammenhang zwischen dem begangenen Fehler und seiner Bestrafung im Kopf deines Sklaven ganz sicher nicht verloren gehen. Stattdessen kannst du ihm sogar zeigen, welche Fehler er früher begangen hat. Und wann immer du nach diesem Buch greifst, wird dein Sklave augenblicklich besonders aufmerksam sein, weil er, auch ohne dass du viel Worte machst, begreift, dass er dein Missfallen erregt hat.

Entsprechende Aufzeichnungen müssen aber kein reines Werkzeug des Terrors sein. Du kannst sie, statt dich auf das Negative zu beschränken, auch wesentlich ausgewogener führen. So kannst du auch festhalten, inwiefern dein Sklave sich weiterentwickelt hat, was du ihm erfolgreich beibringen konntest, worauf du stolz bist – und wo eben noch Raum für Verbesserungen besteht. Du gibst deinem Sklaven damit eher Orientierung, inwiefern er an sich arbeiten kann, statt nur eine bedrückende Liste seines Versagens und der Strafen dafür zu führen. Wenn dein Sklave den Eindruck hat, dass du dich nur auf die Dinge konzentrierst, die nicht funktionieren, glaubt er bald, dass du ihn für einen kompletten Versager hältst. Das kann ihm die Motivation und die Kraft rauben, es zukünftig besser zu machen. Stattdessen entwickelt er sich wie ein Schüler, den sein Lehrer von Anfang an als Problemkind betrachtet und der hin und wieder eine Kopfnuss erhält, wenn die selbsterfüllende Prophezeiung einmal mehr eingetreten ist. Einem solchen Schüler ist sowohl der Unterricht als auch der Lehrer selbst dann irgendwann verleidet, wenn er sich anfangs noch Mühe gegeben hat.

Eine Technik, deinem Sklaven besonders klarzumachen, welches Verhalten er auf keinen Fall wiederholen sollte, besteht darin, dass du ihn kurz vor oder auch während der Bestrafung noch einmal fragst: »Womit hast du das verdient, was jetzt auf dich zukommt? Was hast du falsch gemacht?« Wenn dein Sklave mit seiner Antwort zeigt, dass er noch nicht ganz verstanden hat, womit er sich diese Situation eingebrockt hat, solltest du ihn korrigieren. Gibt er sich ahnungslos, erkläre es ihm einfach. Vorwürfe wie »Du weißt genau, was du verbockt hast!« bringen nichts. Es geht darum, eine klare Kommunikation herzustellen und deinem Sklaven verständlich zu machen, wie er sich in Zukunft verhalten sollte, wenn er sich ähnlich unschöne Maßnahmen ersparen möchte.

Besonders vorbildlich verhält sich dein Sklave, wenn er dir während der Bestrafung zeigt, dass er sein Fehlverhalten dir gegenüber bereut – beispielsweise indem er dir für jeden einzelnen Schlag dankt, indem er dich anfleht, ihm zu vergeben, oder indem er dir vor, nach oder während der Prozedur die Füße leckt. Solche zusätzliche Buße kannst du anerkennend würdigen und die Strafe schließlich ein wenig abmildern. Falls dein Sklave nicht von selbst auf diese Idee kommt, kannst du ihn nach der Bestrafung auch fragen, warum er nicht deine Füße leckt oder dir dafür dankt, dass du so viel Mühe investierst, um ihn auf den richtigen Weg zu bringen.

Wenn du einen Sklaven bestrafst, hat er genauso das Recht, diese Bestrafung beispielsweise mit dem Aussprechen eines Safewords abzubrechen wie alle anderen Aktionen auch. Rein emotional mag das zunächst unbefriedigend sein, denn du verfolgst mit dieser Strafe ja einen bestimmten Zweck. Es mag dir unsinnig erscheinen, dass der Empfänger dieser Strafe sie einfach abbrechen kann. Aber das lässt sich nicht vermeiden. SM-Beziehungen beruhen genauso auf Einvernehmlichkeit aller Beteiligten, wie das bei sämtlichen sexuellen Aktionen der Fall sein sollte. Du solltest auch bei »normalem« Sex nicht einfach weitermachen, obwohl dein Partner sich plötzlich sträubt, indem du argumentierst, dass er ursprünglich einverstanden war.

Die allerwenigsten Menschen, die SM derart ernst nehmen, dass sie sich sogar dauerhaft versklaven lassen, sprechen ein Safeword oder irgendeine andere Weigerung leichtfertig aus. Wenn sie das tun, ist das immer ein Zeichen dafür, dass etwas Gravierendes nicht stimmt und du nicht einfach stur weitermachen kannst. In irgendeiner Form sind sie gerade emotional überfordert. Das zu übergehen, könnte dem Vertrauen, das dein Sklave dir gegenüber hegt, erheblichen Schaden zufügen.

Eine Bestrafung soll nicht zuletzt auch reinigenden Charakter haben. Sie bringt den »Schuldenstand« deines Sklaven wieder auf null. So wie ein Verbrecher, der eine Zeit in Haft verbüßt hat, danach wieder in die Gesellschaft aufgenommen wird, solltest du deinem Sklaven auch sein Fehlverhalten nach der Bestrafung nicht weiter vorhalten. Das ist ein weiterer Grund, warum solche Bestrafungen nur aufgrund festgelegter Verstöße gegen die Regeln deiner Sklaven-Erziehung stattfinden sollten, und nicht, weil du zum Beispiel eifersüchtig oder auf andere Weise mit Gefühlen belastet bist, die du nicht einfach ablegen und hinter dir lassen kannst.

Umstritten ist bei dominanten Menschen dennoch, wie du dich direkt nach der Bestrafung gegenüber deinem Sklaven verhältst. Hierbei gibt es grob gesagt zwei Standpunkte.

Der eine lautet: Nach einer Bestrafung solltest du dich deinem Sklaven genauso mit emotionaler Nachsorge widmen wie nach anderen Belastungen, denen du ihn unterzogen hast. Es gehört zu deinen Aufgaben als sein Herr, ihn liebevoll wieder aufzubauen.

Die andere Auffassung ist, dass du mit diesem Verhalten den psychologischen Effekt dieser Strafe zu sehr abmilderst. Damit die Wirkung in deinem Sklaven nachklingen kann, lässt du ihn danach besser erst einmal in Ruhe. Liebevoll kannst du später wieder zu ihm sein.

Im Unterschied zu anderen einander widersprechenden Ratschlägen ist hier keiner dem anderen insofern überlegen, dass er mehr Sinn ergeben würde.

Ob du deinen Sklaven direkt nach der Strafe auffängst oder erst später, hängt stark von eurem persönlichen Naturell und der Form eurer Beziehung ab. Hilfreich wäre es aber vermutlich in jedem Fall, wenn ihr auch darüber miteinander sprecht. Jeder von euch kann dem anderen sagen, was er gern möchte, und dem anderen die Gründe dafür erklären. Wenn ihr uneins seid, wird sich einer von euch beiden schließlich durchsetzen.

Nachdem wir bisher eher allgemein und abstrakt darüber gesprochen haben, wie du deinen Sklaven am besten bestrafst, lass uns genauer überlegen, welche Strafen für deinen Sklaven konkret in Frage kommen. Wie du dich erinnerst, sollten all diese Strafen ja bestimmte Kriterien erfüllen:

- Sie sollten unangenehmer sein als eure üblichen SM-Spiele, sodass sie dein Sklave auch wirklich als Strafen wahrnimmt und nicht als vergnüglichen erotischen Zeitvertreib. Er sollte gar nicht auf die Idee kommen, die Ausführung deiner Befehle absichtlich oder unbewusst zu vermasseln, damit er dafür in den Genuss einer »Strafe« kommt, sondern sein Bestes geben, um solche Strafen zu vermeiden.

- Die Strafen sollten aber wiederum nicht dermaßen unangenehm sein, dass sie die Grenzen und Tabus deines Sklaven verletzen, sodass er dich dazu bringt, seine Bestrafung abzubrechen, oder in Bezug auf dich und eure Beziehung missmutig wird.

Es hängt von deinem Naturell und dem deines Sklaven ab, welche Strafe am sinnvollsten ist. Hier hast du eine Liste von Vorschlägen, aus denen du dich frei bedienen kannst:

- Fangen wir mit einer Strafe an, die sich anfangs kindisch albern anhört, bevor sie ihre fiesen Zähne zeigt. Vor etwa zehn Jahren gab es auf RTL die Reihe »Super Nanny«, in der die Diplom-Pädagogin Katharina Saalfrank überforderten Eltern dabei half, ihre Kinder zu erziehen. Eine ihrer bekanntesten disziplinarischen Maßnahmen war die »stille Treppe«, wo aufsässige Kinder einige Zeit lang bleiben mussten, um wieder zur Ruhe zu kommen. An einem entsprechenden Ort kann auch dein Sklave ungestört über sein Fehlverhalten nachdenken. Hört sich läppisch an? Nicht, wenn du anstelle der »stillen Treppe« zum Beispiel einen großen Kleiderschrank wählst, in den du deinen Sklaven für eine Nacht steckst – wobei du ihn mit Handschellen an den Träger der Kleiderbügel fesselst, sodass er sich nicht setzen oder hinlegen kann. Die Zeit dürfte für deinen Sklaven so lang werden, dass es sich empfiehlt, dich nach vielleicht einer Stunde gnädig zu zeigen und ihn frühzeitig zu erlösen – mit der Warnung, dass er wirklich eine Nacht lang durchhalten muss, wenn er sich nicht mehr Mühe gibt.

- Wenn du keinen geeigneten Kleiderschrank zur Verfügung hast, kannst du deinen Sklaven auch nackt im Keller anleinen oder was sich sonst gerade anbietet. Denk aber daran, dass es immer ein kleines Risiko dabei gibt, wenn man gefesselte Menschen längere Zeit allein lässt. Du senkst dieses Risiko, wenn du deinem Sklaven zumindest ein wenig Bewegungsfreiheit lässt und in Rufweite bleibst.

- Eine Alternative hierzu: Während du einen stundenlangen Einkaufsbummel machst, hat dein Sklave im Auto sitzen zu bleiben und auf deine Rückkehr zu warten. Das Autoradio hast du zuvor außer Funktion gesetzt.

- Noch radikaler wäre eine Bestrafung, bei der du deinen gefesselten Sklaven einem fast kompletten Sinnesentzug aussetzt, ihn also mit verbundenen Augen und Geräuschdämpfung (Ohrenstöpsel etc.) in einem dunklen Raum zurücklässt. »Füge Schlafentzug hinzu, indem du deinen Sklaven hin und wieder weckst«, rät das BDSM-Magazin *Kink Weekly*, »und du hast eine komplett teuflische Strafe. Setze sie behutsam ein.«

- Dein Sklave muss ein albernes Gedicht auswendig lernen und vortragen oder einen Text, den du für ihn verfasst hast. In diesem Text könnte sich dein Sklave demütigen müssen – oder aber erklären, inwiefern er sich ungehörig verhalten hat.

- Dein Sklave hat eine längere und mühsame Arbeit zu erledigen, die nicht zu ihren eigentlichen Aufgaben gehört. Das können praktische Aufgaben sein, wie dein Auto innen und außen gründlich zu reinigen, wobei die Vorteile auf der Hand liegen. Die Arbeit wird aber noch unangenehmer für deinen Sklaven, wenn es sich um eine unsinnige Arbeit handelt, wie den Boden eures Badezimmers mit der Zahnbürste zu reinigen, einen Teller mit Reiskörnern Korn für Korn auf einen anderen umzuschichten oder dasselbe mit einem Haufen Steine zu tun.

- In denselben Bereich gehören stupide Strafarbeiten, wie immer wieder denselben Satz niederzuschreiben. Ältere Generationen kennen das noch aus ihrer Schulzeit, jüngere aus dem Vorspann der Simpsons, wenn Bart zigfach an die Tafel schreiben muss, welches Verhalten er nie wieder zeigen darf. (»Ich werde keine Donuts an mir aufhängen.«) Wenn du deinem Sklaven aufgibst, hundertmal zu schreiben »Es tut mir Leid, dass ich meinem Herren/meiner Herrin öffentlich widersprochen habe. Ich werde das nicht wieder tun«, hast du wirklich bei ihm verankert, dass er so etwas unterlassen soll.

- Weniger stupide, aber dadurch vielleicht noch wirkungsvoller ist es, wenn du deinem Sklaven aufträgst, einen mehrere Seiten langen Brief zu schreiben, in dem er sich für sein Fehlverhalten entschuldigt, um ihn dir dann auf Knien vorzulesen. In diesem Brief soll er ausführlich schildern, was er falsch gemacht hat, was ihn dazu brachte, warum er es jetzt bereut und wie er sicherstellen möchte, dass das nicht noch einmal passiert. Diese Punkte auf mehrere Seiten auszuwalzen, ist oft keine einfache Herausforderung.

- Du kannst deinen Sklaven auch bestrafen, indem du ihm für eine Woche den Orgasmus verbietest oder ihn mehrmals hintereinander an den Rand des Höhepunktes bringst, um jedes Mal vorher abzubrechen. Bei der letztgenannten Maßnahme sind stramm gefesselte Hände deines Sklaven Grundbedingung.

- Körperlich schmerzhafte Strafen können bei masochistischen Sklaven unangenehmer gemacht werden, indem man sie zuerst zum Orgasmus bringt und dann züchtigt. Diese Sklaven haben dann nicht mehr so gut die Möglichkeit, ihre Leiden in sexuelle Gefühle umzuleiten.

- Es gibt auch unangenehme Körperstrafen, die deshalb auch für viele Masochisten nicht erfüllend sind, weil der Schmerz hierbei nicht durch Schläge erfolgt, sondern durch Strapazen. Einige Beispiele: Du lässt deinen Sklaven längere Zeit mit gebeugten Knien und gegen die Wand gepressten Rücken stehen, sodass er die Form eines Stuhls einnimmt – eine Übung, die für die Oberschenkelmuskeln sehr unangenehm ist. (Wenn du kein Schwergewicht bist und dein Sklave stark ist, kannst du die Übung verschärfen, indem du dich kurz auf seine Schenkel setzt.) Du kannst ihn auch längere Zeit mit ausgestreckten Armen einen Stapel Bücher auf den Handflächen halten lassen – oder eine Schachtel Pralinen, während er vor dir kniet und ihm seine Arme immer schwerer werden. Spaß macht das alles höchstens dir.

- Du kannst deinen Sklaven längere Zeit einen unangenehm großen Ring-, Ball- oder Ballonknebel tragen lassen. Oder ein Halsband, falls er das Tragen von Halsbändern hasst. Oder Wäscheklammern an empfindlichen Regionen seines Körpers.

- Anstatt deinen Sklaven mit unangenehmen Momenten zu bestrafen, kannst du ihm zur Strafe auch angenehme Momente entziehen. Er darf dann eben seine erotischen Lieblingsaktivitäten eine Zeit lang nicht mehr mit dir ausüben oder beim Essen nicht mehr mit dir am Tisch sitzen. Allerdings solltest du dabei darauf achten, dass du dich nicht auch selbst bestrafst: Wenn zum Beispiel die sexuellen Lieblingsspiele deines Sklaven auch deine eigenen sind, ist ihr Absagen natürlich wenig sinnvoll.

- Du kannst deinem Sklaven auch mehrere Tage lang verbieten, sein Smartphone, das Internet oder den Fernseher zu benutzen.

- Du kannst ihm einen Tag lang verbieten zu essen. Oder für längere Zeit seine Lieblingsspeise.

- Wenn es eine Fernsehsendung gibt, die dein Sklave hasst, kannst du ihn dieselbe Folge mehrere Stunden immer wieder sehen lassen. Wenn es einen Song gibt, den dein Sklave hasst, kannst du ihn diesen Song auf Autorepeat hören lassen. Mit »Eternal Jukebox« gibt es unter infinitejukebox.playlistmachinery.com sogar eine eigene Website, mit der man zum Beispiel »Gangnam Style« und zig andere Songs auf endlos strecken kann.

- Auch wenn dein Sklave in der Öffentlichkeit unterwegs ist, kannst du ihn bestrafen. Beispielsweise könntest du ihm befehlen, für dich einzukaufen, während er nur einen langen Mantel und nichts darunter tragen darf. (Vorausgesetzt, dein Sklave findet solche Situationen mehr unangenehm als erregend.) Du könntest ihm auch für einen bestimmten Zeitraum verbieten, Unterwäsche zu tragen – oder ihm befehlen, Unterwäsche anzuziehen, die mit Sperma getränkt ist (deinem oder seinem eigenen, je nachdem wer von euch männlich ist).

- Du kannst die »Sünde«, die dein Sklave begangen hat, mit Filzstift auf seinen Körper schreiben.

- Dein Sklave kann ein T-Shirt tragen, auf das sein Fehlverhalten gedruckt ist. Ein solches Shirt zu tragen, empfiehlt sich allerdings nur in privaten Situationen.

- Nicht zuletzt kannst du aber auch deinen Sklaven vorschlagen lassen, welche Strafe er für sein Fehlverhalten als angemessen empfindet. Befürchtest du, dass er dich mit Vorschlägen von Strafen zu manipulieren versucht, die ihm in Wahrheit gut gefallen? Dann kannst du ihn warnen, dass Vorschläge, die du ablehnst, eine besonders strenge Strafe nach sich ziehen, die *du* dir ausdenkst. Damit quälst du deinen Sklaven auf psychologischer Ebene, denn er muss sich jetzt eine unangenehme Strafe für sich selbst einfallen lassen.

Für welche Strafe auch immer du dich entschieden hast: Es empfiehlt sich, rückblickend darauf zu achten, wie wirkungsvoll sie war. Hat dein Sklave sein Verhalten gebessert? Wenn ja: herzlichen Glückwunsch! Wenn das nicht der Fall ist und es keine guten Gründe dafür gibt (etwa Aspekte, an denen dein Sklave wenig ändern kann), dann war diese Form der Strafe offenkundig nicht effektiv und du solltest das nächste Mal eine andere wählen. Das muss nicht unbedingt eine härtere Strafe sein, sondern eine Strafe, auf die dein Sklave besser anspricht: Bei manchen Menschen erreicht man mit körperlichen Strafen mehr als mit seelischen Strafen wie Demütigungen und Sinnesentzug, bei anderen Menschen ist es umgekehrt.

Was aber ist, wenn sämtliche Strafen nicht fruchten, die du dir hast einfallen lassen? In diesem Fall wäre es vielleicht angebracht, eine Pause in eurer Beziehung – zumindest der Unterwerfungsbeziehung – einzulegen. Dadurch habt ihr beide Zeit, euch klar darüber zu werden, was ihr eigentlich von diesem Arrangement erwartet. Jemand, der sich einerseits dauerhaft unterwerfen lassen möchte, seinem Herrn dann aber immer wieder den Gehorsam verweigert oder ihn zu manipulieren versucht und sich davon auch durch klare Botschaften nicht abbringen lässt, trägt vermutlich einen starken inneren Konflikt mit sich herum, was diese Unterwerfung angeht. Erst wenn er diesen Konflikt gelöst hat und sich bereit erklärt, dir wirklich mit ganzem Herzen zu dienen, solltest du dich wieder darauf einlassen.

Was kann ich anstelle von Bestrafungen einsetzen?

Nach all dem, was ich im vorhergehenden Kapitel erläutert habe, sollte man nicht vergessen, dass eine Bestrafung keine schöne Sache darstellt. Denn eine solche Bestrafung zeigt ja nur, dass vorher schon etwas schiefgegangen ist.

Eine Bestrafung ist insofern auch immer die negative Seite der Möglichkeiten, deinen Sklaven anzuleiten. Wir sprechen ja nicht umsonst von Zuckerbrot und Peitsche, was bedeutet, dass du statt der Peitsche ebenso gut das Zuckerbrot verwenden kannst. Im Klartext: Statt deinen Sklaven nur dadurch zu erziehen, dass du ihn dir vorknöpfst, wenn er einmal nicht spurt, ist es womöglich geschickter, ihn zu belohnen, wenn er besonders gefügig das tut, was er tun soll. Sei also nicht geizig mit Lob und anderen Signalen der Anerkennung, wenn du mit ihm zufrieden bist. Sporne ihn damit an, dass du ihm zeigst, wie erfüllend ein Leben als gehorsamer Sklave sein kann.

Vielleicht glaubst du, dass ein Sklave doch kein echter Sklave sein kann, wenn du ihn jedes Mal für Wohlverhalten »bestechen« musst. Schließlich erwartest du, dass er sich deinen Wünschen aus eigenem Antrieb unterwirft. Aber sei hier nicht allzu streng: Es ist ja nicht die Rede davon, dass du deinem Sklaven jedes einzelne Mal ein Leckerli verabreichst, wenn er sich ausnahmsweise einmal nicht stur stellt. Solche Belohnungen sind viel wirkungsvoller, wenn du sie seltener und überraschend gibst – eben dann, wenn du über das Betragen deines Sklaven besonders glücklich bist und dieses Glück mit ihm teilen möchtest. Alltägliche Belohnungen würde dein Sklave ohnehin irgendwann innerlich als »normal« abbuchen, sodass sie ihren eigentlichen Zweck nicht mehr erfüllten.

Darüber hinaus brauchen diese Belohnungen ja nicht derart famos ausfallen, dass sie den eigentlichen Anreiz für den Gehorsam deines Sklaven darstellen. Wäre das so, würde die äußere Motivation (die Belohnungen) womöglich bald die innere Motivation deines Sklaven übersteigen, und er würde sein Engagement zurückfahren, sobald die Belohnungen nicht mehr so toll sind, wie er mittlerweile erwartet. Nein, um deinem Sklaven zu zeigen, wie zufrieden du mit ihm bist, genügt bereits hin und wieder ein anerkennendes Lob – statt alles, was er tut, um dich zu beglücken, mit strenger Verachtung hinzunehmen, weil er ja sowieso dein Sklave ist. Demonstrative Gleichgültigkeit kann in deinem Sklaven nämlich auch Frust erzeugen, weil er spürt, wie wenig du seine Mühe und Hingabe würdigst. So wie viele nicht-devote Angestellte für gute Arbeit nicht unbedingt eine Bonuszahlung erwarten, sondern einfach mal freundliche Anerkennung, kann es auch unterwürfigen Menschen gehen.

Ähnlich wie du einem Sklaven erklären solltest, warum ein bestimmtes Fehlverhalten eine bestimmte Strafe nach sich zieht, kannst du einem Sklaven, dessen Verhalten dich in einer bestimmten Weise erfreut hat, auch verdeutlichen, warum er dich damit glücklich gemacht hat. Je besser ihr einander auch in dieser Hinsicht versteht und je besser ihr die Reaktionen des anderen vorhersehen könnt, desto angenehmer dürfte das Zusammenspiel in eurer Partnerschaft funktionieren.

Manchmal wirst du vielleicht selbst das Bedürfnis haben, deine Dankbarkeit mit mehr als nur Worten auszudrücken. In diesen Fällen stehen dir verschiedene Alternativen zur Verfügung:

- kleine Geschenke, von denen du sicher bist, dass sie deine Sklavin mag – von Süßigkeiten bis zu hübschen Kleidungsstücken und Accessoires

- eine etwas längere Auszeit, als du sie deiner Sklavin sonst gewährst, damit sie sich von ihren täglichen Aufgaben erholen kann und Gelegenheit hat, auf andere Gedanken zu kommen, andere Eindrücke zu sammeln und sozusagen mental mal ordentlich durchzulüften (dauerhafte Sklaverei kann, auch wenn man sie als noch so reizvoll empfindet, auch ermüdend sein)

- sexuelle Spiele, von denen du weißt, dass deine Sklavin darauf besonders scharf ist (falls du deine Sklavin keusch hältst, genügt vielleicht schon die Erlaubnis eines Orgasmus)

- eine angenehme Zeit mit dir, die nicht von eurem üblichen Rollengefälle bestimmt ist, zum Beispiel ein Date bei Kerzenlicht, eine Bootsfahrt im Mondschein oder was immer sonst ihr beiden als romantisch empfindet und wozu es in eurer Nähe eine Gelegenheit gibt.

Du kannst mit deiner Sklavin auch einfach mal ein Gespräch darüber führen, welche Belohnungen sie sich wünschen würde, wenn du mit ihr besonders zufrieden bist. Zwar brauchst du dich durch diese Wünsche nicht gebunden zu fühlen – du bist ja der Chef –, aber du kannst sie in deine eigenen Überlegungen mit einbeziehen.

Ob die von dir ausgewählten Belohnungen funktionieren, erkennst du, wenn du genau auf die Reaktionen deiner Sklavin achtest und darauf, ob und wie sich ihr Verhalten danach ändert. Wenn sich hier nicht besonders viel tut, hast du mit deinem Anreiz möglicherweise danebengegriffen. Probiere es bei der nächsten günstigen Gelegenheit dann einfach mit einer anderen Belohnung.

Hilfreich kann auch das Tagebuch deiner Sklavin sein, in das du Einblick haben darfst – falls du ihr aufgetragen hast, eines zu führen. Wenn du darin liest, dürftest du ein besseres Gespür dafür entwickeln, was in ihr vorgeht. So kannst du sicherstellen, dass du sie nicht überforderst und sie sich von dir nicht ungerecht behandelt fühlt. Bald dürftest du herausgefunden haben, was deine Sklavin besonders stark motiviert, dir hingebungsvoll zu dienen.

Und schließlich besteht die Möglichkeit, dass ihr ein Punktesystem entwickelt. Dein Sklave bekäme dabei Pluspunkte für Leistungen, die deine Erwartungen noch übertreffen, und Minuspunkte für Fehler, Zögern beim Ausführen, Widerworte und alles andere, was auf mangelnden Gehorsam oder Nachlässigkeiten hinweist. Sobald eine bestimmte Summe an Minuspunkten zusammengekommen ist, hat sich dein Sklave eine Strafe eingebrockt. Sobald eine bestimmte Summe an Pluspunkten erreicht ist, hat er sich eine

Belohnung verdient. Je nachdem wie streng du sein möchtest, kannst du mit der Vergabe von Plus- und Minuspunkten unterschiedlich großzügig sein.

Der Nachteil eines solchen Punktesystems besteht darin, dass es recht mechanisch ist und wenig Spielraum für spontane Überlegungen lässt, die stark von der jeweiligen Situation bestimmt sind. Ob das eine gute Idee für euch wäre, hängt von eurem persönlichen Naturell ab. Während das eine Paar ein solches System als nervig empfinden könnte – zumal es bei den Beteiligten Erinnerungen an die Grundschulzeit weckt –, mag ein anderes Paar damit zumindest in der Anfangsphase eines Sklaventrainings viel anfangen können.

Sinn der Übung – wie auch von Belohnungen und Strafen generell – ist, dass ihr euch immer besser aufeinander einspielt, du immer zufriedener mit deinem Sklaven wirst und dich immer seltener fragen musst, welche Strafe er jetzt schon wieder verdient hat, damit er besser gehorcht.

Sollte ich meine Sklavin in einem Käfig halten?

Außerhalb von erotischen Fantasien ist es keine gute Idee, eine Sklavin dauerhaft in einem Käfig zu halten.

Während das in den ersten Minuten für einen unterwürfigen Menschen noch durchaus lustvoll sein kann, verliert sich der Reiz mit zunehmender Dauer und ein Aufenthalt hinter Gittern wird immer langweiliger.

Obwohl auch hier gilt, dass unterschiedliche Menschen unterschiedliche Bedürfnisse haben, kann ein Käfig im Großen und Ganzen nur drei Zwecken dienen:

- Er kann eine Möglichkeit der Bestrafung sein. Insbesondere wenn sich deine Sklavin zu große Freiheiten herausgenommen hat, ist eine mehrstündige Zwangshaft im Käfig eine klare symbolische Botschaft. Du kannst diese Bestrafung verschärfen, wenn du deine Sklavin an die Gitterstäbe fesselst oder wenn du sie als Hund verkleidest, ihr einen Futternapf über den Boden schiebst und Aufnahmen von ihr in dieser entwürdigenden Situation anfertigst.

- Er kann beim Training deiner Sklavin eingesetzt werden, wenn sie überdreht und überreizt ist und dringend eine Auszeit benötigt – oder du selbst. In diesem Fall steckst du sie einfach in einen Käfig, bis ihr beide wieder zur Ruhe gekommen seid. Da deine Sklavin in einem

Käfig nicht deiner ständigen Aufsicht bedarf, wie es etwa bei streng angelegten Fesseln der Fall wäre, könnt ihr euch auch in verschiedenen Räumen aufhalten, sodass ihr kurz voneinander Abstand gewinnt und du dich um andere Dinge kümmern kannst. Du solltest schnell herausfinden, ob diese Methode funktioniert, um deiner Sklavin mehr Geduld und Selbstbeherrschung beizubringen, oder ob sie nur unnötig gemein ist.

- Und schließlich kannst du deine Sklavin natürlich auf Veranstaltungen der SM-Szene in ihrem Käfig ausstellen, wenn das keine ihrer festen Grenzen überschreitet. Auch Besuch, der mit eurer Lebensführung keine Probleme hat, könnte sich am Anblick deiner Sklavin im Käfig erfreuen.

Wie kann ich das Training meines Sklaven verschärfen?

Nachdem ihr längere Zeit als Herr und Sklave miteinander verbracht habt, dürfte sich das meiste eingespielt haben. Genau das war ja auch der Sinn der Sache: Dein Sklave »funktioniert« jetzt im Wesentlichen so, wie ihr beide es haben wolltet, und ihr habt euch beide an diese neue Beziehungsform gewöhnt. Es kann gut sein, dass dieses erreichte Plateau den Endpunkt der Erziehung deines Sklaven darstellt und ihr auf diese Weise lange glücklich zusammenleben werdet.

Es kann aber auch sein, dass ihr beide beginnt, den Kick der Anfangszeit mit seinen immer neuen heiklen Herausforderungen zu vermissen. Dann ginge es euch wie so manchem Paar in einer traditionellen Beziehung, das irgendwann feststellt, dass die Routine des Alltags öde geworden ist. Ihr sehnt euch dann zurück nach dem erotischen Kick und dem Nervenkitzel früherer Tage. Schade, dass ihr nicht einfach wieder in diese Zeit zurückkehren könnt! Aber vielleicht gelingt es euch, dieselben starken Empfindungen wieder zum Leben zu erwecken, indem du die Anforderungen an deinen Sklaven und die Belastungen, denen du ihn aussetzt, verschärfst. Das Schlagwort vom »lebenslangen Lernen«, dem ständigen Meistern neuer Herausforderungen, kann auch in einer SM-Partnerschaft von Bedeutung sein.

Falls du den Eindruck hast, dass aus eurem Zusammenleben ein bisschen die Luft und die Spannung raus ist, empfiehlt sich zunächst einmal, dasselbe zu tun wie zu Beginn eures Trainings: Ihr setzt euch zusammen und unterhaltet euch darüber, wie es euch gerade geht und was ihr für die Zukunft in Angriff nehmen möchtet. Fühlt sich dein Partner von der mittlerweile erlangten Routine gelangweilt? Wäre er auch dafür, dass du die Zügel strenger anziehst und ihn vor neue Herausforderungen stellst? Wenn er das nicht möchte, solltest du ihn nicht dazu zwingen. Auch wenn dein Partner dir zu deiner Überraschung erklärt, noch mit vielen Anforderungen zu kämpfen zu haben, legst du natürlich nicht mit noch schärferen Bedingungen nach.

Aber wenn dein Partner freiwillig erklärt, dass er gern neue Dinge lernen und härtere Belastungen ertragen würde, um ein noch besserer Sklave zu sein, dann solltet ihr im nächsten Schritt darüber sprechen, wie du seine Grenzen noch mehr erweiterst als bisher.

Folgende Möglichkeiten bieten sich hierfür an:

- Sollte die Erziehung deines Sklaven gelegentliche Züchtigungen beinhalten, kannst du nach und nach zu immer fieseren Schlaginstrumenten wechseln, wie ich es in meinem Ratgeber »Spanking« erkläre: Statt des sanften Floggers bringst du dann ein Paddle zum Einsatz, statt des Paddles eine Reitgerte, statt der Gerte einen Rohrstock oder statt des Rohrstocks eine wirklich fiese Peitsche. Auch andere Dinge, die Schmerzen erzeugen, wie etwa Brennnesseln, wendest du jetzt an. Allerdings empfiehlt es sich, dass du die Intensität eines neuen Schlaginstruments wenigstens einmal an dir selbst testest, damit du wirklich gut einschätzen kannst, welcher Behandlung du deinen Sklaven aussetzt.

- Dasselbe kannst du tun, wenn es um Fesselungen geht. Beispielsweise erkläre ich in meinem Ratgeber »Bondage«, wie das sogenannte Predicament-Bondage funktioniert: besonders unangenehme Fesselungen, die deinen Sklaven einem anstrengenden körperlichen und seelischen Stresstest unterziehen.

- Du kannst auch Praktiken dazunehmen, mit denen ihr noch gar keine Erfahrungen gesammelt habt, wie beispielsweise deinem Partner einen Einlauf zu geben, den er längere Zeit in sich zu behalten hat.

- Vielleicht möchtet ihr euch auch die Grenzen und Tabus noch einmal anschauen, die dein Sklave zu Beginn seiner Erziehung festgelegt hat. Nachdem er nun an Vertrauen zu dir und an Erfahrung mit SM-Praktiken gewonnen hat – möchte er vielleicht das ein oder andere dieser Tabus streichen?

- Vielleicht möchtest du, dass dein Sklave noch schneller spurt, wenn du ihm noch mehr knappe Kommandos gibst, und augenblicklich eine bestimmte Stellung einnimmt oder Handlung (wie Strippen) durchführt.

- Du kannst deinen Sklaven auch dazu anhalten, mehr Arbeit in kürzerer Zeit zu erledigen.

- Die Alternative dazu ist dieselbe Arbeit unter erschwerten Bedingungen. Wenn dein Sklave auf Erniedrigungen besonders stark anspricht, kannst du ihm zum Beispiel befehlen, deine getragene Unterwäsche mit der Hand zu waschen oder die schon grob gereinigte Toilette mit der Zunge vollständig sauber zu lecken. Oder du spielst mit seinen Ängsten und seinem

Kopfkino: Wenn du zum Beispiel einen Garten besitzt, der vor Blicken von außen geschützt ist, kannst du deinem Partner befehlen, dort nackt tätig zu sein (Wäsche aufhängen, Unkraut rupfen etc.). Möchtest du deinen Sklaven lieber mit besonderen Belastungen quälen, kannst du ihn beim Arbeiten unangenehmen Empfindungen aussetzen (Wäscheklammern an den Brustwarzen, Buttplugs im Hintern) oder ihm bestimmte Verrichtungen durch Schikanen erschweren (Fesseln einer Hand auf den Rücken oder der Fußgelenke aneinander, Anbringen von Hodengewichten, Grasschneiden nur mit Nagelschere).

- Das Erweitern von Grenzen, insbesondere was Demütigungen angeht, kannst du auch vollziehen, indem du die Dienste deines Sklaven nicht mehr nur allein genießt, sondern auch wenn du Besuch von weiblichen oder männlichen Freunden hast. Du könntest deinem Sklaven befehlen, ihnen zu berichten, was er alles für dich tut, und ihm damit drohen, ihn jemandem aus deinem Freundeskreis ein paar Tage zur Verfügung zu stellen.

- Und schließlich kannst du mit deinen Belohnungen knausriger werden als bisher und wesentlich mehr von deinem Sklaven verlangen, bevor er sich eine solche Belohnung verdient hat. Insbesondere wenn du deinen Sklaven keusch hältst und seine Belohnung aus der Erlaubnis zu einem Orgasmus besteht, kann das einige Auswirkungen auf sein Wohlbefinden, seine Dienstbereitschaft und seinen Arbeitseifer haben.

Wie du siehst, kannst du die Schraube immer noch ein bisschen fester anziehen, um die Spannung erotischen Sadismus in eurer Partnerschaft hochzuhalten wie am Anfang. Inzwischen solltest du dir auch ausreichend Einfühlungsvermögen in deinen Partner angeeignet haben, um es nicht zu überziehen. Das Tagebuch deines Sklaven und längere Gespräche mit ihm geben dir dabei zusätzlich Orientierung. So könnt ihr eine Partnerschaft führen, deren Machtgefälle euch noch lange den ganz besonderen Kitzel genießen lässt.

Arne Hoffmann
Die ersten Schritte SM

»Die ersten Schritte SM« richtet sich an absolute Neulinge in der Kunst der erotischen Unterwerfung. Wenn du noch nichts oder nur wenig über solche Praktiken weißt und Fragen hast, dann liegst du mit diesem Ratgeber genau richtig. Schritt für Schritt führt er dich in eine ebenso faszinierende wie erregende Welt. Er zeigt dir, wie du am besten vorgehst, damit SM-Spiele für dich und deinen Partner eine großartige Erfahrung werden, die euch beide glücklich macht.
Neben vielen Informationen und Tipps findest du auch einen Neigungsfragebogen für SM-Spiele, der dir und deinem Partner hilft, eure Wünsche auf einen Nenner zu bringen.

Herzliche Grüße, Arne Hoffmann

Arne Hoffmann
Dominanz

Wie gehst du am besten vor, wenn du deinen Partner zu deinem Sklaven machen möchtest? Mit welchen Techniken wirkst du auf erregende Weise dominant? Wie kannst du deinen Partner am raffiniertesten demütigen und bestrafen? Und worauf musst du achten, um ungewollte Schäden zu vermeiden? Die Antworten auf all diese Fragen findest du in diesem Buch – und viele Ideen für fantasievolle Erniedrigungen gibt es dazu. So lernst du Schritt für Schritt die Kunst der erotischen Herrschaft und gestaltest aus der Unterwerfung deines Partners ein erregendes Erlebnis für euch beide.

Herzliche Grüße, Arne Hoffmann

Leseprobe:
Arne Hoffmann
Gehorche Sklavin

»H-hallo?«, meldete sie sich.

»Hier auch Hallo«, antwortete er amüsiert. »Wer ist denn dort?«

»Hier … hier ist Monika.«

»Verzeihung?«

»Ich bin's! Monika!«

»Wer ist dort? Ich glaube, ich habe das nicht ganz richtig verstanden.«

»Ich … o Gott … hier spricht die … die Sklavenschlampe Monika.«

»Das kam jetzt akustisch nicht ganz rüber. Du hast angefangen zu flüstern. Sprich lauter.«

»Hier ist die Sklavenschlampe Monika!«

Er lachte leise. »Na also. War das denn so schwer?«

»Ich … ich habe keine Ahnung, ob mich jemand hört. Wenn dieses Telefonat jemand von meinen Kollegen mitbekommt …«

»Was wäre denn dann?«

»O Gott«, stöhnte sie. »Ich mag gar nicht daran denken.«

»Nein, im Ernst. Was wäre denn dann?«

»Dann ... dann wüssten doch alle über mich Bescheid.«

»Deine Kollegen wüssten dann alle, was du für eine bist, nicht wahr?«

»J... ja.«

Wieder schmunzelte er. »Was bist du denn für eine?«

»Ich bin ... ich bin eine nichtsnutzige Sklavin ...« – das kam jetzt sehr gepresst – »... die gedemütigt und benutzt werden möchte.«

»Dir bleibt schon wieder fast die Stimme weg, wenn du das sagst.«

»Ich ... lieber Himmel ... Verzeihung, Herr, das ist wirklich nicht einfach für mich. Ich weiß nicht, wie dünn die Tür hier ist. Ob man mich draußen hören kann, wenn ich lauter spreche. Und jeden Moment kann jemand reinkommen.«

»Wo bist du denn überhaupt?«

»Im Lagerraum unserer Firma. Wo wir all den Bürokram aufbewahren.«

»Und du bist ganz allein?«

»Ja, Herr. Das ... das will ich doch sehr hoffen!«

»Ich bin mir sicher, du hast dich genau umgesehen, bevor du meine Nummer gewählt hast, nicht wahr?«

»Natürlich, Herr.«

»Deshalb hat mein Telefon auch erst zwei Minuten nach der Zeit geklingelt, die ich dir genannt habe. Fünfzehn Uhr zwei.«

»Das … das tut mir wirklich leid, Herr! Das ist hier alles nicht so einfach. Ich musste doch sicher sein, dass niemand sonst hier ist. Schließlich konnte ich Sie nicht von der Toilette aus anrufen. Wenn da eine meiner Kolleginnen reingekommen wäre und mir zugehört hätte …«

»… dann wüsste sie, was du für eine bist. Und es würde sich in deiner ganzen Firma herumsprechen. So weit waren wir schon.«

»Ja. Und das … bitte, ich möchte wirklich eine so gute Sklavin für Sie sein, Herr, wie ich nur kann. Aber das … das wäre zu viel, dass alle Bescheid wissen, das ganze Büro …«

»Es soll unser kleines Geheimnis bleiben, nicht wahr?«

»Ich … es tut mir leid, Herr …«

»Was ist, wenn ich dich später einmal meinen Freunden vorführen möchte? Oder anderen Menschen, die du nicht kennst?«

»Ich … ich weiß nicht, Herr …«

»Das wäre sicher sehr demütigend für dich.«

»Ja! Auf jeden Fall, Herr.«

»Möchtest du nicht gedemütigt werden?«

»Aber vielleicht nicht gerade da, wo ich arbeite! Bitte, das müssen Sie doch verstehen, Herr.«

»Deshalb wäre es wirklich blöd, wenn jetzt jemand reinkommen würde, nicht wahr?«

»Ja! Ja, das wäre es wirklich, Herr.«

»Was tust du gerade, Schlampe?«

»Ich … was Sie mir befohlen haben, Herr.«

»Ich möchte, dass du es sagst, Schlampe. Komm, sag es!«

»Ich … o Gott … darf ich dann bitte wieder flüstern, Herr?«

»Du darfst deine Stimme ein wenig senken, Schlampe.«

»Danke! Vielen Dank, Herr! Ich … ich befingere mich gerade selbst.«

»Wie bitte?«

»Ich befingere mich gerade selbst, Herr!«

»Beschreib es mir genauer.«

»Ich habe … habe den kurzen Rock an, den ich heute tragen soll, Herr … und ich habe ihn hochgerafft und meinen Slip runtergezogen … bis zu meinen Knien … und jetzt stehe ich hier und während ich telefoniere … während ich mit Ihnen spreche … ich … reibe ich meine Möse …«

»Na also. Das war doch gar nicht so schwer, oder, Schlampe?«

»Bitte, Herr …«

»Du hast gesagt, du stehst?«

»J… ja, Herr …?«

»Ich möchte, dass du auf deine Knie gehst.«

»Ich … muss ich wirklich … ja, schon gut … ich knie jetzt. Ich bin jetzt auf meinen Knien, Herr …«

»Und du befingerst dich weiter?«

»O ja, Herr.«

»Wie geht es dir dabei, Schlampe?«

»Ich … ich habe die ganze Zeit über Angst, dass jemand hereinkommt, der eine Mappe braucht oder Büroklammern oder irgendwas … mich entdeckt … hier in der Ecke …«

»… und der dann weiß, was für eine schamlose, unterwürfige Schlampe du bist?«

»Ja, Herr. Bitte … Wir telefonieren schon ziemlich lange …«

»Ich weiß. Ich lasse dich bewusst ein bisschen zappeln. Oder willst du sagen, dass es dir keine Freude macht, mit mir zu telefonieren?«

»Nein! Nein, natürlich nicht! Ich meine … ich meine, es macht mir große Freude, mit Ihnen zu sprechen … Ihre Stimme hören zu dürfen, Herr. Es ist nur so, das Risiko wird mit jeder Minute größer …«

»Ich weiß. Das ist ja gerade der Spaß dabei. Dass du da zwischen den Regalen kniest und dich befingerst und Angst hast – aber es trotzdem tust. Warum tust du so etwas Dummes?«

»Weil ich … weil ich eine dumme, unterwürfige, notgeile Schlampe bin, Herr.«

»Angst ist also nicht das einzige, was du gerade empfindest?«

»Nein, Herr. Ich … ich muss zugeben … ich werde auch mit jeder Minute … mit jeder Minute immer … immer geiler, Herr …«

»Wie ich dich kenne, ist es bis zu deinem Orgasmus nicht mehr lange hin, oder?«

»Da stimmt wirklich, Herr! … Es dauert nicht mehr lange … ich …«

»Du kommst gleich mitten im Lagerraum deiner Firma.«

»Gott, Herr … bitte … ich kann doch nicht … o Gott …«

»Stell dir vor, wenn jetzt jemand reinkommen würde. ...

Leseprobe:

Alexandra Gehring
Die Abrichtung
Erotischer SM-Roman!

... Jean betrat den Raum. Ein sportlicher, etwa fünfunddreißigjähriger, großer, gutaussehender, sympathischer Franzose. Braungebrannt, in Jeans und schwarzem T-Shirt trat er auf Sari zu.

»Bonjour Sari«, begrüßte er sie. Mit ruhiger Stimme gab er ihr die erste Anweisung.

Sie kniete vor ihm nieder, öffnete seinen Reißverschluss und nahm den halbsteifen Schwanz in ihren Mund. Wie sie es gewohnt war, schob sie ihren Kopf vor und zurück. Mal schneller, mal mit Gefühl. Er wurde hart.

»Okay, ganz gut. Jetzt nimm nur die Eichel zwischen deine Lippen. Lecke und ficke nur diesen Teil. Hey ... press deine Lippen enger zusammen. Noch enger! Gut so ... Jetzt den ganzen Schwanz. Voll rein in deine Mundvotze. Du sollst sie enger machen! Komm ... Und jetzt tiefer und so bleiben. Ich will dich spüren. Streng dich an!«

Sari würgte und zog sich zurück. Dann versuchte sie es nochmals. Es ging nicht. Sie entließ seinen Schwanz aus ihrem Mund und hustete.

Jean zog sie an ihren Haaren zurück. »Regarde moi! Du hast nichts verstanden! Hey ... du sollst mich anschauen! Wir machen hier, wie ihr in Deutschland sagt, kein Kasperletheater! Reiß dich zusammen! Ich will keine alberne Rumlutscherei. Ich will dich erleben ... deine Geilheit spüren ... deinen Mund als Votze spüren.«

Er zog sie an den Haaren so tief über seinen Schwanz, bis sie seine Eier berührte. Sie würgte, bekam Atemnot. Ruckartig zog er seinen Schwanz zurück. Er ließ sie kurz Luft holen, dann fickte er sie mit brutaler Grobheit zwischen ihre Lippen.

»Komm, jetzt du! Schnelle Fickbewegung ... danach ganz tief ... lern zu atmen.« Er drückte ihren Kopf tief über seinen Schwanz.

Sie erstickte fast.

Er fickte sie ...

Ihr Gesicht war hochrot angelaufen. Speichel tropfte auf den Boden. Ihre Augen waren gerötet. Tränen liefen über ihr Gesicht.

»Hast du verstanden, was Männer wollen? Kein Vanillasex mit etwas, wie ihr sagt, ›blasen‹. Dein Mund hat eine enge perfekte Votze zu sein!« ...

Verwendete Literatur

Die folgenden Texte habe ich zurate gezogen, um dieses Buch zu schreiben. Dabei habe ich auf Fußnoten verzichtet, damit dieser Ratgeber nicht wie eine wissenschaftliche Arbeit aussieht und weil oft viele verschiedene Quellen dieselben Informationen enthalten. Oft verrät aber schon der Titel der hier aufgeführten Quelle, für welche Passage dieses Buches sie eine der Grundlagen war.

- Abernathy, Christina: Erotic Slavehood. Greenery Press 2007
- Adriana; 16 BDSM Punishments for Effective Behavior Training. Online unter https://badgirlsbible.com/bdsm-punishments
- Ashtarot & maya: Slave Positions. Online unter http://www.bcwsd.com/backroom/library/articles_us/slavepos.shtml
- BaadMaster: BDSM and Mental Punishment. Online unter http://www.kinkweekly.com/article-baadmaster/bdsm-mental-punishment
- BaadMaster: Behavior Modification. Online unter http://www.kinkweekly.com/article-baadmaster/behavior-modification
- Blackthorne, Simon: Using Sleep In BDSM Slave-Training. Ursprünglich online unter http://www.kinky.com/using-sleep-bdsm-slave-training, vom Netz genommen.
- Brame, Gloria: Come Hither: A Commonsense Guide to Kinky Sex. Fireside 2000
- Cramer, Elizabeth: Dom's Guide To Submissive Training. Step-by-step Blueprint On How To Train Your New Sub. Create Space 2013
- Cramer, Elizabeth: Submissive Training. 23 Things You Must Know About How To Be A Submissive. CreateSpace 2013
- Cramer, Elizabeth: Submissive Training Vol. 2. CreateSpace 2014
- Cuffsmaster: A Master's use of RTB. Online unter http://bestslavetraining.com/theory-and-practive-slave-training/theory-slave-training/rebt
- Cuffsmaster: Behavioral Training: Teaching Your slave to obey, serve and please. Online unter http://bestslavetraining.com/theory-and-practive-slave-training/slave-training-principles/behavior-slave-training
- Cuffsmaster: Change thoughts (core believes) to accept slavery. Online unter http://bestslavetraining.com/theory-and-practive-slave-training/slave-training-principles/thoughts-slave-training

- Cuffsmaster: Slave Punishment & Discipline Training to Change Behavior. Online unter http://bestslavetraining.com/theory-and-practive-slave-training/theory-slave-training/slave-punishment
- Dallas BDSM: 101 ideas to make Your slave feel Owned (i.e. loved). Online unter https://www.submissiveloving.com/101things.html
- Dominant Guide: Things to Know About Training A Slave. Online unter http://dominantguide.com/2157/things-to-know-about-training-a-slave
- The Frugal Domme: Basic Slave Positions and Hand Signals. Online unter http://www.frugaldomme.com/esoteric/techni12.htm
- The Frugal Domme: From a Reader. Online unter http://www.frugaldomme.com/esoteric/techniq14.htm
- Hoffmann, Arne: Bondage. blue panther books 2019
- Hoffmann, Arne: Fessle mich! Mvg 2012
- Hoffmann, Arne: Lustvolle Unterwerfung. Marterpfahl 2004
- Hoffmann, Arne: SM-Lexikon. Passion Publishing 2010
- Hoffmann, Arne: Spanking. blue panther books 2019
- Hoffmann, Arne: Unterwerfung. blue panther books 2018
- Jon: How to Properly Discipline Your Sub. Online unter https://youonlywetter.co.uk/blog/2014/01/10/how-to-properly-discipline-your-sub-by-mister_emm/#axzz5e6UTt6Fp
- Kennedy, Erin: Wanna Act Kinky in Public? Here's How to Do It Incognito. Online unter https://www.kinkly.com/2/13962/sex-tips/bdsm/wanna-act-kinky-in-public-heres-how-to-do-it-incognito
- Lucas, Lex: Submissive training Positions & Poses. Online unter http://66.media.tumblr.com/210f251ec3e5505215b2cd24e0dc4420/tumblr_oasffxEJNK1rkpmbwo2_r1_1280.jpg
- Luxurious Bliss: How to Train Your Slave. Online unter https://luxuriousbliss.com/blogs/news/how-to-train-your-slave
- Master Bishop: Hard Limits vs. Soft Limits. Online unter https://bdsmtrainingacademy.com/hard-limits-vs-soft-limits
- Master Bishop: How to Deal Withw a Submissive That Is Being Difficult. Online unter https://bdsmtrainingacademy.com/domme-question-how-to-deal-with-a-submissive-that-is-being-difficult
- Master Bishop: How to Intensify Your Sub's Training. Online unter https://bdsmtrainingacademy.com/how-to-intensify-your-subs-training
- Master Bishop: Make Your Submissive Work Harder. Online unter https://bdsmtrainingacademy.com/make-your-submissive-work-harder
- Master Bishop: Punishment Basics – Why, When And How. Online unter https://bdsmtrainingacademy.com/punishment-basics-why-when-and-how
- Master Bishop: Rewarding a Submissive for Good Behavior. Online unter https://bdsmtrainingacademy.com/rewarding-submissive-good-behavior
- Master Bishop: TPE: Total Power Exchange. Online unter https://bdsmtrainingacademy.com/tpe-total-power-exchange

- Master Bishop: Want a Full Time Slave But Worried about the Responsibility? Online unter https://bdsmtrainingacademy.com/want-a-full-time-sub-but-worried-about-the-responsibility
- Master P: Training your submissive in the best possible way is a very personal concept. Online unter https://dominationsubmission.wordpress.com/2013/06/21/training-your-submissive-in-the-best-possible-way-is-a-very-personal-concept
- Masters, Peter: Enslavement. Online unter https://www.peter-masters.com/wiki/index.php/Enslavement
- Melvoin-Berg, Ken: How to Train a Submissive With Hand Signals. Online unter https://www.kinkly.com/how-to-train-a-submissive-with-hand-signals/2/14955
- Mistress Sophia: Adding a Cage to Your Slave's Life. Online unter https://bdsmtrainingacademy.com/adding-a-cage-to-your-slaves-life
- New Nyrufa: How to Train a Sex Slave: A Beginner's Guide. Online unter https://www.sofurry.com/view/579501
- Raymond, Jolynn: Taken in Hand. A Guide to Domestic Discipline, Power Exchange Relationships and Related BDSM Topics. CreateSpace 2013
- Rinella, Jack: Becoming a Slave. Rinella Editorial Services 2005
- Robyn: Submissive Discipline – 45 BDSM Punishment Ideas. Online unter https://de.lovense.com/bdsm-blog/bdsm-punishment-ideas
- Shadowlord: The 64 Arts of the slave. Online unter https://thecage.co/blog/userblog.php?postid=3169&blog_id=19623
- The Spanking Art Wiki: Slave Position. Online unter http://spankingart.org/wiki/Slave_position
- Taormino, Tristan: 50 Shades of Kink. Cleis Press 2014
- Train Her Well: Slave Training Instructions. Online unter http://trainherwell.blogspot.com/2012/02/slave-training-instructions.html?zx=9026684fbffd3ead
- Wipipedia: Eye Contact Restriction. Online unter http://wipipedia.org/index.php/Eye_contact_restriction
- Wiseman, Jay: SM 101: A Realistic Introduction. Greenery Press 1998
- Die Zitate stammen aus folgenden Quellen (in der auftretenden Reihenfolge)
- Hoffmann, Arne: Fessle mich! Mvg 2012, S. 123
- Wie im Text erwähnt, findet man diese (irreführenden) Ratschläge ohne Autorenangabe auf verschiedenen Websites, darunter https://slavetrainingandowning.tumblr.com/post/167386861227/step-1-identity-stripping-all-too-often-a-master/embed
  Abgerufen am 16. Februar 2019. Eigene Übersetzung.
- BaadMaster: BDSM and Mental Punishment. Online unter http://www.kinkweekly.com/article-baadmaster/bdsm-mental-punishment
  Abgerufen am 23. Februar 2019. Eigene Übersetzung.

- ☐ Ja, ich möchte am iPad-Gewinnspiel teilnehmen.
- ☐ Bitte schicken Sie mir die kostenlose Internet-Story »Gehorche Sklavin« ausgedruckt per Post an meine folgende Adresse.

☐ Herr ☐ Frau

Name, Vorname

Straße, Hausnummer

PLZ, Ort

Land

Geburtsdatum

E-Mail (für aktuelle Informationen)

Wie haben Sie von diesem Buch erfahren?

Wo haben Sie dieses Buch gekauft?

Infos zur Datenverarbeitung unter: blue-panther-books.de/de/datenschutz.html

Arne Hoffmann - Die Abrichtung & Erziehung zum Sklaven | 4. Auflage | AH7 | 515

Bitte freimachen falls Marke zur Hand

Antwort

blue panther books
Osterfeldstr. 12-14 | Haus 1 | Nord
22529 Hamburg
Deutschland / Germany